**고통에
대하여**

고통에 대하여

김영춘 지음

1979~2020 살아있는 한국사

좋은 책을 만드는 이소노미아

역사는 다르게 기억된다
시대마다 고유한 고통이 있다
지금도 아픈 사람들이 있다

간결하고 파워풀한 문체로 부마항쟁에서 시작하는 이 시대 정치의 역사와 경제양극화의 실체를 생생하게 펼쳐낸 책. 묵직한 초심의 정치인인 저자가 '전국민 필독 정치 교과서' 한 권을 내놓았다. 너무 재미있고 감동적이라 첫 장을 펼치곤 내리읽었다. ㅡ**강금실 전 법무부장관**

크고 작은 발자국이 새겨진 살아있는 한국사였습니다. 지난날 창원까지 찾아와 '동남권 경제공동체를 만들어야 한다'고 열정적으로 말하던 저자의 모습이 생생하게 떠오릅니다. 동남권 메가시티, 또 하나의 수도권을 만드는 새로운 역사에도 김영춘 선배의 발자국이 새겨지기를 기대합니다.
ㅡ**김경수 경상남도 도지사**

그 젊디젊은 김영춘이 어느새 이토록 깊이와 경륜을 갖춘 사람이 되었다니 세월의 깊이를 느끼면서도 반갑고 고마운 심정에 젖는다. 국민의 고통에 귀를 기울여 온 사람이 내놓는 이야기는 누군가의 마음을 감전시킨다. 특히 희망을 말하는 5장을 읽고서 내 마음이 다 편안해졌다.
ㅡ**김덕룡 (사)김영삼민주센터 이사장**

이 책에는 1979년부터 2020년까지 격동의 현대정치사가 고스란히 담겨있습니다. 특히 이 책에 수록되어 있는 어촌뉴딜 300 사업은 저자가 해양수산부 장관 시절 추진했던 사업으로 낙후된 어촌마을을 현대화해 지역 발전을 이끈 생활 SOC 사업 중에서도 가장 바람직한 정책이었습니다. 기반 시설이 낡고 부족한 전라남도는 어촌뉴딜 300 사업의 혜택을 많이 받았는데 지방에서 희망을 찾아야 한다는 그의 신념은 시골 마을에 한 줄기 빛이 되었습니다. _김영록 전라남도 도지사

미국이 딱 한 번 정말 부러웠던 적이 있다. 버락 오바마가 대통령이 되었을 때다. 왜 한국에는 오바마처럼 매력적인 정치인이 없을까? 이제 우리 사회도 점잖으나 박력 있고, 온화하나 정의로운, 그런 정치인 한 명쯤 있어야 한다. 그래서 김영춘이다. 우리가 그를 주목해야 하는 바로 그 이유가 이 책 <고통에 대하여>에 담겨있다. _김정운 문화심리학자

우리가 살아온 역사를 기억하고 기록하는 일이란 얼마나 고맙고 숭고한 일인가. 옛일이 드라마처럼 펼쳐지면서도 이 나라의 앞날을 기대하게 만들어주는 책이었다. _문정수 초대 민선 부산광역시장

그의 시선이 닿은 곳이 역사가 되었습니다. 나라의 미래를 위해 열정을 불태우던 청년에서 나라의 한 틀을 움직이는 인물이 될 때까지 그가 써 온 역사의 단편들이 눈앞에서 살아 움직이는 듯 생생합니다. 가까이 있으면서도 미처 나누지 못했던 깊은 속내를 이 책을 통해 들여다보게 됩니다. 기껍고 흐뭇한 마음으로 책장을 덮습니다. _박병석 국회의장

자꾸 역사에서 '만약'을 떠올리게 해주는 재미있는 책. 물론 역사에 만약은 없다. 하지만 고통은 있다. 고통이 있는 바로 그곳에 치유의 정치가 있어야 한다고 이 책은 말한다. _박세훈 청년정책가

도입부부터 내 울대와 그 아래 가슴을 뭉클하게 헤집는다. 탁월하다. 숨 가쁘게 읽힌다. 필치가 쉬워서 잘 읽힌다. 한밤을 새며 읽어제꼈다. 일단 읽으면 놀랄 것이다. 역사에 대해서 그리고 김영춘에 대해서.

_서정규 국제감사전문가

김영춘, 이정우, 송영길이 함께 길을 밝히던 옛날이 생각난다. 그때 우리가 들었던 불꽃은 아직 꺼지지 않았다. 국민의 고통을 치유하고 분단의 벽도 넘는 희망의 빛으로 더욱 빛나길 소망한다. _송영길 국회의원

아픔을 반복하지 않고 희망을 논하기 위한 비판적 현대사 기록.

_이광재 국회의원

이 시대의 고통에 대하여 그 뿌리를 찾아 역사로 풀어낸 책. 저자의 열정과 헌신이 오롯이 녹아있다. _이길수 변호사

김영춘은 진실하고 진기하다. 비겁할 만큼 책임감이 강하다. 그의 성향과 성품이 어디에서 연유하는지 이제야 확실히 알게 됐다. 그는 역사와 약자의 통증을 함께 앓아 왔다. 그 고통의 극복과 치유를 위해서도 고민하고 앞장서 왔다. 줄곧 그랬다. _이낙연 더불어민주당 당대표

김영춘은 영혼이 맑은 사람이다. 그는 늘 세상을 정면으로 응대한다. 세상과 투쟁하는 진실한 힘, 초심을 지키는 안간힘도 고통스런 삶에서 도망가지 않으려는 그의 지독한 순결에서 나온다. 불의에 맞서는 양심과 억압에 저항하는 용기가 그를 오늘에 이르게 했다. _이인영 통일부장관

이 시대의 우리 역사 기록에 바다에 대한 이야기와 해운재건에 관한 이야기까지 담겨 있으니 남다르고 반가웠습니다. 장관께서 해운재건을 위해 노력하신 부분에 대해 해운업계를 대표해서 감사한 마음입니다.

—**정태순 한국해운협회장**

모두가 아픈 2020년입니다. 고통을 희망으로 바꾸는 힘, 김영춘입니다.

—**정세균 국무총리**

한국현대사의 파고 속에서 시류에 편승하는 기교 부림 없이 묵묵히 새시대의 희망을 노래하는 김영춘의 실천정신을 생각하자니, '山海崇深'이라는 옛말이 생각난다. —**조성남 세한대학교 교수**

아주 쉽고 간결한 문체로 한국 현대정치사를 서술하고 있어 읽는 데 부담이 없다. 게다가 교양서로도 손색이 없을 정도로 충실하다.

—**허화영 소상공인**

CONTENTS

들어가며

제1장 독재자 추방하기 (1979~1987) • 023

부마항쟁, 당대사의 시작 • 028

신군부의 등장과 서울의 봄 • 032

군인들의 학살 • 036

80년대 초기의 저항 • 041

YS 단식과 민추협 • 045

총학생회 부활 • 048

어둠 속에서 빛나는 큰 스승 • 051

민정당사 점거농성 사건 • 055

2.12 총선, 파열구가 생기다 • 058

위장취업의 시절 • 062

상도동계와 김영삼 • 066

정치깡패 용팔이의 등장 • 070

1987년 • 074

제2장 야만에서 민주주의로 (1987~1997) • 079

양김의 분열과 노태우 당선 • 084

4당 체제와 5공 청문회 • 089

3당 합당 • 093

노태우 정부에 대하여 • 097
YS의 승리 • 099
하나회 척결 • 103
1993년 긴급재정경제명령 • 107
5.18 특별법과 전두환 등에 대한 재판 • 110
문민정부의 명암 • 113
신한국당 • 117
YS와 DJ • 122

제3장 좋은 정부, 나쁜 나라 (1997~2007) • 125

정치란 무엇인가 • 130
1997년 외환위기 • 134
국민의 정부 • 137
남북정상회담 • 140
이회창 총재 • 143
노무현의 도전 • 146
21세기 한국의 보수파 • 149
나는 어째서 한나라당을 탈당했는가 • 153
한국의 진보파 • 157
열린우리당 창당과 제17대 총선 • 161
국가균형발전을 향한 커다란 흐름 • 168

신자유주의 대유행과 민초들의 삶 • 173
2006년 열린우리당 전당대회와 서울시장 선거 • 177
참여정부의 명암 • 182
사보타주 • 185
108번뇌, 우리는 왜 실패했는가 • 189

제4장 고통에 대하여 (2008~2017) • 195

유시민 • 200
누군가는 책임을 져야 하지 않는가 • 203
이명박 정부의 탄생과 시대 유감 • 209
이쪽이냐 저쪽이냐 • 214
뉴라이트의 발호 • 217
노무현 대통령의 유산 • 221
정계복귀와 제19대 총선 • 224
제18대 대선과 박근혜 정부 • 230
세월호의 고통 • 233
국정농단과 탄핵 • 237

제5장 희망에 대하여 (2014~2020) • 241

서울공화국 • 246
2014년 부산시장 선거 • 251

오륙도 연구소 • 256

제20대 총선과 권토중래 • 259

어쩌다 이 지경이 되었는지 • 264

제19대 대통령 선거 • 269

장관님, 도와주십시오 • 272

어째서 어촌을 포기하는가 • 278

죽느냐 사느냐의 문제 • 281

부울경 메가시티론 • 285

제21대 총선 그리고 낙선 • 290

국회 사무총장을 맡으며 • 293

코로나19 이후의 정치 • 297

에필로그 • 303

편집여담 • 309

부록: 사진으로 보는 1979~2020 • 327

이 책에 실린 사진 중 p328~p329, p330, p332~p333, p325~p330, p335~p340, p342, p344~p346, p348~p352, p354, p358~p363, p366 사진은 연합뉴스가 제공해 주셨습니다. p331 사진은 고 김영삼 대통령 유족으로부터, p343, p356~p357 사진은 노무현재단으로부터 제공받았습니다. p353, p364~p365 사진은 중앙일보에서 제공해 주셨습니다. p334 사진은 당시 로이터통신에서 근무하셨던 정태원 님이 저작권자입니다. 정태원 님은 출판물 이용을 허락해 주시면서 사진 파일을 제공해 주셨습니다. 이 책에 수록된 사진들은 모두 저작권 사용 허락을 받았습니다. 그러나 만약 저희 출판사가 간과한 문제가 있다면 알려주시기 바랍니다. 정당하게 허락을 받도록 하겠습니다.

들어가며

동물 집단에서 우두머리의 역할은 대략 세 가지다. 첫째 종족의 건강한 번식이 있다. 육체적으로 우월한 유전자를 지닌 수컷이 암컷들을 독식하면서 열성 유전자의 난혼을 방지한다. 힘이 곧 정의이다. 둘째 먹이 영역의 수호다. 우두머리는 다른 집단이나 뜨내기의 침범에 맞서 영토를 수호해야 한다. 원숭이의 경우에는 기습공격 등의 지략을 동원하곤 한다. 세 번째 역할은 먹이의 권위적인 배분이다. 제한된 먹이를 놓고 서열에 따라 먹는 순서가 정해져 있다. 사자든 원숭이든 대장은 빈둥거리고 있다가 암컷들이 실컷 고생해서 잡아놓은 먹이를 어슬렁거리며 다가와 먹어치운다. 먹이를 상납받는 건 우두머리에게 당연한 권리다. 우두머리는 집단의 질서를 유지하는 놈이다. 이들이 다스리는 집단은 소수의 무리다. 소수만이 '우리'를 구성한다.

어디에선가 언제부터인가 인간의 정치가 시작되었다. 동물 집단의 우두머리 통치와 다른 인간의 정치는 어땠을까? 사람들은 지도자의 역할과 권능보다는 그 지도자를 뽑는 다수 사람의 삶과 권리를 더 당연하게 생각하는 정치를 발명하였다. 그런 다음 민주주의라는 이름을 붙였다. 그러나 좋은 정치만 있지는 않았다. 인간이 동물을 닮은 시절도 있었다. 수십 년 전 이 나라에서도 동물 수준의 정치를 연상케 하는 역사가 있었다. 그런 정치를 하는 사람을 일컬어 사람들은 독재자라고 불렀다. 무소불위 힘으로 민주주의를 부정한다는 점에서는 동물 집단의 우두머리를 닮았다. 동물의 우두머리는 집단을 굶기지 않으려고 노력한다. 인간 독재자는 자기 권력을 위해 국민들을 굶기곤 한다. 동물의 우두머리는 외부 무리와 싸우며 영토를 수호한다. 인간 독재자는 국민과 싸운다. 우리는 동물보다 못하고 더 잔인한 독재자를 역사에서 배웠다. 우리에게도 그런 시절이 있었다.

인간에게 최소한의 삶이란 물질적인 풍요와 정신적인 자유를 뜻한다. 물질적이며 정신적인 수준이 동물 무리와 같을 수 없다. 또한 최소한의 삶은 시대에 따라 달라진다. 과거의 수준과 현재의 수준이 같지 않다. 과거 기준으로 최소 수준을 뛰어넘었기 때문에 지금 시대가 더 나은 사회라고 어떻게 말할 수 있겠는가? 불과 몇십 년 만에 산아제한에서 출산장려로 국가의 시책이 드라마틱하게 변했다. 젊은 세대 부모들은 아이를 여럿 낳아서 잘 키우고 가족이 함께 행복하게 살 자신을 잃어버렸다. 과거 기준으로 최소한의 삶은 보장되겠지만, 현재 기준에서는 최소한의 삶이 보장되지 못한다. 국민들의 인간다운 삶을 보장하려고 노력하는 것이 오늘날 인간의 정치라면, 도대체 정치는 무엇을 하고 있는가? 아니, 정치란 무엇인가?

나는 이제부터 이 시대의 한국 민주주의가 본격적으로 시작된 발원지로 돌아가 내가 겪은 41년 동안의 역사를 다시금 하나씩 살펴보면서 그리고 오늘날 우리 민초들이 겪는 고통의 원인을 추적하면서 우리가 무엇을 잘했으며 우리가 무엇을 잘못했는지 기억해내고 독자와 함께 그 답을 찾고자 한다.

제1장
독재자 추방하기
1979~1987

1980년 5월 20일 전남매일신문기자들이 모두 사직서를 제출했다. "우리는 보았다. 사람이 개끌리듯 끌려가 죽어가는 것을 두 눈으로 똑똑히 보았다. 그러나 신문에는 단 한 줄도 싣지 못했다. 이에 우리는 부끄러워 붓을 놓는다." 신군부는 그렇게 광주가 은폐되고 잊히리라 생각했을 것이다. 그러나, ─ 광주는 죽지 않았다.

1981년 나는 문과대 수석으로 고려대학교 영문학과에 입학했다. 문학하는 사람이 되고 싶었다. 그러나 나는 캠퍼스를 은밀하게 지배하고 있던 진실의 속삭임을 들었다. 광주의 진상을 알게 된 것이다. 그해 나는 내 귓전에 끊임없이 공명하며 맴도는 광주 원혼들의 부르짖음으로 괴로워했다. 내 양심은 군인의 총검에 의해 죽은 자들에 대한 부채 의식에 휩싸였다. 번민과 두려움을 끝내고 이 광폭한 군사정권과 싸우기로 결심하는 데까지 오랜 시간이 걸리지 않았다. 그때는 그런 시절이었다. 부산에서 올라온 새내기가 자기 꿈을 포기하는 순간이었다. ─ 당시 많은 학생이 나와 같았다. 우리들 마음속에서 광주가 살아났다.

부마항쟁, 당대사의 시작

신군부의 등장과 서울의 봄

군인들의 학살

80년대 초기의 저항

YS 단식과 민추협

총학생회 부활

어둠 속에서 빛나는 큰 스승

민정당사 점거농성 사건

2.12 총선, 파열구가 생기다

위장취업의 시절

상도동계와 김영삼

정치깡패 용팔이의 등장

1987년

부마항쟁, 당대사의 시작

— 난리가 났다고 그러더라.

부산 지역에 계엄령이 선포되었다는 뉴스가 났다. 1979년 10월의 일이다. 광복동, 남포동 일대가 흉흉하며 난리가 났다는 말을 들었다. 부산대학교 학생 수천 명이 도심에 나와 데모를 시작했고 시민들이 가세했다고 했다. 방송국, 경찰서, 세무서 등이 공격을 당했다고도 했다. 당시 고3이었던 나는 하굣길에 부산진구 서면 로터리에 살벌하게 도열되어 있는 군인들을 봤다. 착검한 군인들이었다. 어느 중년의 시민이 그들 곁을 지나가다가 소총 개머리판으로 맞고 퍽 쓰러졌다. "왜, 째려 봐!"라는 군인의 목소리가 이어졌다. 그 후 열흘 뒤에 아침 등굣길에서 만난 독일어 선생님이 충격 어린 얼굴로 말했다. 평소 유신독재에 저항하는 씨앗을 학생들에게 전하던 선생님이었다. "박정희가 죽었다." 그리고 군인들이 사라졌다.

1979년 10월 16일부터 10월 20일까지 부산과 마산 일대에서 일어난 부마항쟁은 유신 시대 최초의 거리 항쟁이었다. 그리고 마지막 항쟁이기도 했다. 부산에서 일어난 시민의 저항이 7년간 지속된 유신체제와 18년 간 이어온 박정희 군사정권의 몰락을 가져왔다. 부산과 마산에서 일어난 반정부 민주화 시위에 대한 대책을 둘러싸고 유신 정권 내부의 알력과 갈등이 독재자의 최후를 불렀다. 그것이 10.26이다.

유신정권 물러나라, 정치탄압 중단하라는 부산 사람들의 외침에서 한 인물이 등장한다. YS[1]였다. 1979년 5월 3일 YS가 신민당 전당대회에서 야당 총재로 당선되었다. 그는 유신정권에 저항하는 강경파 지도자였다. 3개월 후 가발수출업체인 YH 무역에서 일하던 172명의 여성 노동자들이 회사폐업조치에 생존권을 잃고 의지할 곳이 없자 마포구에 있던 신민당 당사에 들어와 농성시위를 벌였다. 김영삼 총재는 여공들을 환영했다. 우리가 여러분을 지켜주겠노라고, 마지막으로 야당 당사를 찾아준 것을 눈물겹게 생각한다고, 걱정말라고 노동자들을 안심시켰다. 그때가 1979년 8월 9일이었다. 유신 정권의 수족 역할을 하던 경찰들이 가만히

---

[1] 김영삼 대통령을 'YS'로, 김대중 대통령을 'DJ'로 약칭한다.

있지 않았다. 야당에 여공을 내보내라는 최후통첩을 내렸다. 김영삼 총재는 너희들이 저 여공들을 다 죽이려고 하느냐며 경찰의 요구에 응하지 않았다. 8월 11일 새벽 천 명이 넘는 경찰이 야당 당사 안으로 돌격했다. 김영삼 총재를 상도동 집으로 강제로 끌고갔다. 신민당 당원 수십 명이 폭행을 당했다. 국회의원도 폭행당했다. 노동자들이 다쳤다. 그 과정에서 당시 21세에 불과했던 여성 노동자 김경숙 씨가 추락해서 사망했다.

YS는 분노했고 박정희 정권은 이런 YS를 '처리'하려고 했다. 이미 DJ를 가택연금했던 박정희 정권이었다. 김영삼 총재는 뉴욕타임즈와 인터뷰하면서 한국의 민주주의를 위해 미 정부가 공개적으로 도와줄 것을 요청했다. 그러자 이를 빌미로 박정희 정권은 10월 4일 국회 별실에서 날치기로 김영삼 국회의원 제명안을 통과시켰다. YS는 국회의원 직을 잃었다. 닭의 목을 비틀지라도 새벽이 온다는 말을 남기고 YS는 가택연금되었다. 그러자 10월 13일 신민당 국회의원 66명 전원이 김영삼 국회의원 제명에 항의하며 국회의원직 사퇴서를 제출했다. 이 소식이 세상에 전해지기 시작했다. 10월 16일 부산대학교 5,000여 명의 학생들이 야당탄압을 중단하라고 외치며 교내 시위를 벌인 후, 버스를 타고 부산 시내로 나왔다. 부산 시민들이 합세하면서 이틀 연속으로 격렬한 가두시위가 벌어졌다. 18일 비상계엄령이 발동되었다. 총을 든 군인들이 부산에 나타났다. 수많은 학생, 시민들이 연행되었다. 하지만 19일에는 마산으로 반정부시위가 퍼져나갔다. 20일 마산과 창원지역에 위수령이 내려지면서 군인들이 시위를 진압했다. 거리에서 쏟아져 나온 시민들의 대규모 저항을 한 번도 경험해 보지 못한 유신 정권은 당황했다. 저항을 하는 사람들도, 저항을 탄압하는 사람들도 경험하지 못한, 민주주의를 향한 거리의 외침,

— 이것이 부마항쟁이었다.

부마항쟁은 유신 독재에 억눌린 민중들이 오랫동안의 인내를 끝내고 민주주의에 대한 열망을 표출한 최초의 대규모 저항이었다. 이 저항이야말로 한국 민주주의가 본격적으로 시작된 발원지이다. 그리고 이듬해 광주로 이어졌다.

신군부의 등장과 서울의 봄

부마항쟁의 여파로 독재자가 암살되었다. 그러나 민주화에 대한 국민들의 열망에도 불구하고 유신체제가 끝난 것은 아니었다. 1979년 12월 6일 대통령 권한대행 최규하가 유신헌법의 규정에 따라 거수기에 불과한 통일주체국민회의에서 제10대 대통령으로 선출되었다. 이틀 후 12월 8일 긴급조치 9호[2]가 해제되었다. 이때부터 이듬해 5월까지를 '서울의 봄'이라고 부른다. 1968년 체코슬로바키아의 '프라하의 봄'을 빗댄 표현이었다. 오랫동안 민주주의

---

[2] 유신헌법 제53조는 대통령은 국가의 안전보장 또는 공공의 안녕질서가 중대한 위협을 받거나 받을 우려가 있어 신속한 조치를 할 필요가 있다고 판단할 때에는 국정전반에 걸쳐 필요한 긴급조치를 할 수 있다고 규정하고 있으며, 국민의 자유와 권리를 잠정적으로 정지할 수 있고, 이는 사법적 심사의 대상이 되지 않는다고 선언하고 있었다. 1975년 5월 13일에 시행된 긴급조치 제9호는 모든 정부 비판을 금지하며, 집회와 시위 및 언론의 자유를 불허하고 긴급조치를 어기는 자는 법관의 영장없이 체포, 구속, 압수 또는 수색할 수 있으며, 도지사의 요청이 있으면 군인이 개입할 수 있도록 규정하고 있다. 즉, 긴급조치 제9호의 해제 없이는 민주주의는 요원했다.

를 동사시킨 겨울이 드디어 끝났다, 이제 봄이 왔다는 기대감이 부풀어올랐다.

그러는 사이 12월 12일 일단의 군인 무리들이 정승화 육군 참모총장을 체포하고 군사반란을 일으켰다. 이들을 '신군부'라고 부른다. 1961년의 5.16 쿠데타를 일으킨 박정희 소장의 군부와 구별하기 위한 명칭이다. 전두환, 노태우, 정호용, 박준병, 최세창, 장세동, 허화평, 허삼수, 이학봉 등의 군부내 사조직인 '하나회' 출신 군인들이었다. 계엄령 하에서 신군부는 이미 국정의 실권을 빠르게 장악하고 있었다. 검찰과 경찰을 장악했다. 통신과 언론을 손에 쥐었다. 그리고 12.12 군사반란으로 육군 내 반대파를 제거함으로써 완벽한 무력을 얻은 다음, 일련의 다단계 쿠데타를 완성하기 위해, 그리고 자신들의 굳건한 이익을 위해 어둠의 장막 뒷편에서 서울의 봄을 관망했다.

당시 3김은 직선제 개헌을 기대했다. 차기 대통령을 꿈꾸던 공화당의 김종필 총재와 신민당 김영삼 총재는 자유롭게 활동했다. 1980년 2월 29일 서울의 봄에 어울리는 아지랑이가 피어올랐다. 김대중, 윤보선, 함석헌, 문익환, 문동환, 함세웅, 백낙청, 리영희, 김동길이 사면, 복권되었다. 한때 박정희와 대통령을 놓고 겨뤘던 김대중은 7년 5개월 만에 국민 앞에서 활동할 자유를 얻었다. 김대중은 오랫동안 재야에 있었기 때문에 재야 인사와 친밀했다. 재야로부터 받는 신뢰와 지원이 DJ의 강력한 자산이었다. 그해

4월 김대중과 김영삼이 만났다. 야당 지도자로서 독재정권과 싸워 왔던 YS는 신민당을 중심에 두고 생각했다. 반면 정치활동이 금지되어 야인 생활이 길었던 DJ는 신민당과 재야의 대등한 관계를 원했다. 협상은 결렬됐고 양김은 분열했다.

― 그들의 분열은 신군부에게는 기회였다.

국민의 힘을 한데 모을 적이 사라진 셈이었다. 그때 YS와 DJ가 민주주의라는 대의를 위해 결속했다면 신군부의 망령이 함부로 우리나라를 삼키지는 못했으리라. 서로 힘을 모으는 게 이렇게나 어려운 일이다. 양김의 분열은 7년 뒤에 다시 반복되었다.

그사이 대학은 겨울방학이 끝나고 봄학기를 맞이했다. 학원민주화의 바람이 전국 대학가에 일었다. 그리고 전국 곳곳에서 반정부 시위가 이어졌다. 1980년 5월 15일 오후 서울역 인근에 수많은 대학생과 시민들이 운집하였다. 계엄철폐와 민주화를 요구했다. 부산에서도 대구에서도 광주에서도 전국 주요도시에서도 마찬가지였다. 그러나 서울역 광장을 가득 메운 수많은 인파 앞에서 서울대 총학생회장 심재철이 해산 결정을 발표했다. 이것을 '서울역 회군'이라고 한다. 당시 광화문 근처에는 계엄군이 있었다. 집회 해산에 반대하며 마지막까지 남아 있던 고려대학교 학생들이 자리를 뜨자 서울역 광장의 열기가 사라졌다. 그러나 전남대, 조선대 등의 광주 지역 대학생들은 전남도청 앞 광장에서 민주주의를 열망하는 행진을 이어갔다.

다음날 5월 16일 김영삼 신민당 총재와 김대중 국민연합 공동의장은 비상계엄을 즉시 해제할 것을 요구하는 시국수습 대책을 발표했다. 전두환 보안사령관은 이에 아랑곳하지 않고 자신이 준비한 시국수습 대책을 전격 실행했다. 이튿날 신군부는 5.17 비상계엄 전국확대 조치를 발표했다. 5월 18일 정당활동을 금지시켰다. 직선제 개헌을 논의하던 국회를 봉쇄했다. 김대중과 김종필을 연행하고, 학생, 정치인, 재야인사 2,699명을 체포했다. 야당 총재인 김영삼을 가택연금했다. 모든 일이 일사천리였다. 전국 92개 대학에 군인이 주둔했다. 서울의 봄은 잔인하게 끝났다. 침묵이 강요되었다.

— 곧이어 학살과 절규가 이어졌다.

군인들의 학살

1979년 10월의 부마항쟁은 유신정권이 예상하지 못한 거리 항쟁이었다. 그러나 1980년 5월의 광주항쟁은 전두환 신군부가 철저하게 기획하고 결심한 학살이었다. 부산 시민을 쓰러트린 개머리판이 이제는 광주 시민을 찌르고 쏴죽이는 종검으로 바뀌었다. 국민을 수호해야 할 군인이 오히려 자기 국민을 잔인하게 살인했다. 그러면서도 죄책감이 없었다. 인간이기를 포기한 야수들의 만행이었다. 민주주의를 외치는 자기 나라 시민들을 향해 총기를 난사하는 나라가 이 세상 어디에 있겠는가. 할머니가 군홧발에 짓밟혔다. 어린이도 임산부도 총에 맞아 죽었다. 암매장되기도 했다. 전두환과 그 무리들은 동물집단의 우두머리만도 못했다.

그해 5월 18일부터 5월 27일까지 열흘 동안 있었던 그 잔인한 참상에 대해 세월이 지났건만 나로서는 여전히 이루 표현할 방법이 없다. 5월 18일 전남대 학생들은 계엄 해제와 휴교령 철폐를 요구하는 항의시위를 벌였다. 그러자 공수부대 장병이 곤봉으로 학생들을 쓰러뜨렸다. 7공수여단이었다. 학생들은 광주 도심 금남로에 모여들었다. 그러자 군인들도 함께 움직였다. 청각장애인 김경철 씨가 영문도 모른 채 군인에게 구타당해 목숨을 잃었다. 최초의 희생자였다. 금남로에는 시민들이 점점 늘어났다. 시민들은 분노했다. 19일, 무장한 야수들, 11공수여단이 광주에 도착했다. 조선대로 잠시 철수한 군인들이 '화려한 휴가'라는 작전명으로 시민들을 진압하기 시작했다. 총소리가 울렸다. 20일, 군인들의 만행을 목격한 운전기사들이 전조등을 켜고 경적을 울리며 차량시위를 벌였다. 21일, 시외전화가 끊어졌다. 군인들의 헬기 소리가 요란했다. 도청 앞 광장으로 장갑차가 나타났다. 그러고는 군인들이 시민들을 향해 집단 발포를 시작했다. 건물 옥상에서는 시위대를 향한 조준 사격이 행해졌다. 시민들이 무장하기 시작했다. 그러자 군인들이 조선대로 물러갔다. 22일, 도청 광장과 금남로에 시민들이 모였다. 수십 구의 시체들 앞에서 유가족들이 오열했다. 5월 23일, 공수부대가 지나가는 마을버스에 총격을 가해 승객 18명 중 17명이 사망했다. 군인들은 부상자 2명을 살해하고 암매장했다. 도청광장에서 제1차 범시민 궐기대회가 개최됐다. 24일, 군인들은 원제마을 저수지에서 수영하던 소년들을 이유없이 저격했다. 중학교 1학년 방광범 군이 좌측 머리에 총상을 입고 숨졌다. 제2차 범시민 궐기대회가 열렸다. 송암동에서 퇴각하던 11공수여단 군인들이 다른 계엄군 부대와 서로 오인하여 교전했다. 사상자가 발생했다. 11공수여단 군인들은 주변 민가에 침입하여 민간인들을 학살하면서 분풀이를 했다. 25일, 제3차 범시민 궐기대회를 했다. 26일, 시내전화가 일제히 두절되었다. 그리고 5월 27일 탱크를 앞세운 군인들이 시내로 진입하기 시작했다. 도청 주변을 완전히 포위했다. 금남로에서 산발적으로 시가전이 발생했다. 3공수, 7공수, 11공수여단 군인들이 광주 시내를 완전히 장악했다. 사태는 종료되었다. 죽음보다 더 잔혹한 침묵이 강요되었다.

아, 당시에 인터넷과 디지털 카메라와 SNS가 있었다면 그런 학살은 결코 일어나지 못했을 텐데…. 군인들이 모든 통신을 차단했고 방송과 신문을 검열하던 시절이었다. 그러므로 신군부는 사악한 기획을 잔인하게 쏟아낼 수 있었다. 3공수여단, 7공수여단, 11공수여단 장병들은 짐승보다 더 잔혹한 얼굴로 광주 시내를 활보하면서 자기 국민들을 학살했다. 무고한 생명과 망가진 인생은 되살릴 수 없다.

국민을 죽이는 군인들이라면 무슨 거짓말이든 못할 리 없다. 허화평, 허삼수, 허문도가 주도하여 대규모 조작사건을 만들어냈다. 김대중이 북한의 사주를 받고 '광주사태'를 배후조종했다고 발표했다. 5.18 광주 민주화 운동이 벌어지기 전에 이미 연행된 김대중을 포함하여, 문익환, 이문영, 예춘호, 고은태, 김상현, 이신범, 조계우, 이해찬, 이석표, 송기원, 설훈, 심재철, 서남동, 김종완, 한승헌, 이해동, 김윤식, 한완상, 유인호, 송건호, 이활철, 이완돈, 김록영이 김대중 내란 사건으로 재판을 받았다. 극심한 고문이 있었다. '광주사태'는 그들이 저지른 내란 소요 사건이었다. 신군부의 손아귀에서 놀아난 언론은 조작사건을 사실인 것처럼 대서특필했다. 언론이 사실을 감추고 조작 선동에 앞장서는데 국민들이 어찌 알겠는가. 1980년 5월 20일, 전남매일신문기자들이 모두 사직서를 제출했다. "우리는 보았다. 사람이 개끌리듯 끌려가 죽어가는 것을 두 눈으로 똑똑히 보았다. 그러나 신문에는 단 한 줄도 싣지 못했다. 이에 우리는 부끄러워 붓을 놓는다." 신군부는 그렇게 광주가 은폐되고 잊히리라 생각했을 것이다. 그러나,

― 광주는 죽지 않았다.

1980년 나는 재수생이었다. 광주의 참상을 알 수 없었다. 1981년 드디어 대학생이 되었다. 문과대 수석으로 고려대학교 영문학과에 입학했다. 4년 장학생 자격을 얻었다. 원래는 국문학과에 가고 싶었다. 하지만 국문과에 가면 취직이 어렵다며 법대로 진학하라는 부모님의 반대 때문에 적당히 타협한 게 영문학과였다. 어쨌든 나는 문학이면 좋다고 생각했다. 그러나 나는 캠퍼스를 은밀하게 지배하고 있던 진실의 속삭임을 들었다. 광주의 진상을 알게 된 것이다. 그해 나는 내 귓전에 끊임없이 공명하며 맴도는 광

주 원혼들의 부르짖음으로 괴로워했다. 내 양심은 군인의 총검에 의해 죽은 자들에 대한 부채 의식에 휩싸였다. 번민과 두려움을 끝내고 이 광폭한 군사정권과 싸우기로 결심하는 데까지 오랜 시간이 걸리지 않았다. 그때는 그런 시절이었다. 부산에서 올라온 새내기가 자기 꿈을 포기하는 순간이었다.

— 당시 많은 학생이 나와 같았다. 우리들 마음속에서 광주가 살아났다.

80년대 초기의 저항

1981년 3월 신입생 시절이었다. 교양과목을 강의하는 대형 강의실에서 수업이 막 시작되기 직전이었다. 여학생 한 명이 교탁 위로 올라가더니, "학우 여러분, 이렇게 살 수는 없습니다. 전두환 독재…"까지 말하는 그 짧은 순간이었다. 앞자리에 있던 사람들이 후다닥 뛰어나가서 그 여학생을 끌어내렸다. 열 명 정도 되는 건장한 남자들이 저항하는 여학생을 들고 나갔다. 돼지 끌고 나가듯이 거칠었다. 강의실마다 맨 앞줄에 앉아 있던 사복경찰들이었다. '독재타도'라는 단어가 들렸다. 남자들이 입을 막았다.

— 여학생은 단말마의 비명을 지르며 사라졌다.

학생들은 쳐다만 봤지 겁이 나니까 아무도 덤벼들지 못했다. 그게 당시 대학의 모습이었다. 우리들은 분개했다. 그러나 대들면 감옥이었다. 수많은 학생들이 마음속으로 독재타도를 외쳤다. 표현할 수 없는 마음을 다잡고 지하로 숨어들었다.

전두환 군사독재는 박정희 때보다 훨씬 심한 야수정권이었다. 대학교에는 사복경찰이 상주했다. 학생들도 군사조직처럼 만들어 놨다. 신군부는 1980년 5월의 시위와 항쟁이 진압되자 총학생회를 없애버렸다. 대통령령으로 학도호국단 설치령을 제정해서 사실상 정부가 학도호국단 대표를 임명했다. 학생 대표는 학도호국단 사단장이었다. 나중에 비난 여론에 밀려 학도호국단 '총학생장'으로 개명되기도 했지만….

아무리 극심한 탄압이 있더라도 저항은 사라지지 않는다. 그런 탄압에 맞게 변화할 뿐이었다. 70년대 유신독재는 야당의 존재 자체는 인정했다. 제한적이나마 민주주의를 외치는 정치인의 활동이 있었다. 80년대 신군부는 파시스트들이었다. 야당의 존재 자체를 인정하지 않았다. 감옥에 가거나 가택연금되었으며 정치활동 자체가 금지되었다.

— 정치 공간이 사라졌다.

부마항쟁부터 광주항쟁을 거치면서 고양된 의식과 운동 역량이 한꺼번에 결정적인 타격을 입었다. 극악한 살육전 끝에 궤멸되었다. 그 반작용으로 사람들은 지하에서 모였다. 거기서 좌표를 정하고 논리로 무장했다. 학생들의 비밀 서클이 여기저기에서 만들어졌다. 자생적으로 지하 조직이 생겼다. 군사독재의 잔인한 탄압 때문에 더 강하게 결속해야 했다. 70년대 반독재운동을 했던 사람들 중에는 공부를 많이 해서 이론적으로 무장된 사람이 드물었다. 정의감으로 일어났고, 민주주의를 위해서 싸웠다. 그러나 80년대 더 극렬한 탄압 속에서 민주주의를 말하는 것만으로는 부족했다. 나라 뒤집기가 필요했다. 그래서 우리들은 나라 뒤집기에 어울리는 사상과 이론으로 무장할 수밖에 없었다.

'민중주의 노선'과 '민족주의 노선'이 있었다. 전통적으로 반체제 운동을 하는 사람들 사이에서 서로 구별되어 내려오던 오래된 논쟁이었다. 전 세계 어느 저항운동에서나 나오는 두 개의 노선이었다. 당시 대학가에서 지배적인 흐름은 민중주의 노선이었다. 분단국가의 민족 모순도 분명히 존재하지만 이 땅에 살고 있는 민초들의 삶의 문제가 더 중요하게 인식되었다. 말하자면 1980년대 중반까지 대학가 학생운동의 흐름은 민중주의 노선이 압도적으로 강력한 흐름이었다. 나중에 PD 계열[3]로 칭해졌다. 그러다가 이런 민중주의 중심의 학생운동과 노동운동이 민족주의 중심의 운동으로 급속도로 바뀌기 시작한 것은 1980년대 중반 이후였

---

3 PD는 People Democracy의 준말, NL은 National Liberation의 약칭이다. 각각 '민중민주'와 '민족해방'으로 호칭되기도 했다. 한국 사회를 분석하는 관점에서부터 미국과 북한에 대한 태도까지 서로 달랐다. PD는 계급 문제를 중시하여 노동해방을 추구하는 마르크스주의 전통에 있었던 반면 NL은 민족주의 전통에서 친북반미를 내세웠다.

다. NL 계열이 다수파가 되었다. 1986년 김영환은 <강철서신>[4]을 쓰면서 주체사상을 퍼뜨렸다.

---

4 지금은 뉴라이트로 전향한 김영환이 '강철'이라는 필명으로 전국 대학과 노동운동 현장에 배포한 팸플릿이다. <강철서신>은 주체사상을 대학가와 노동계에 퍼뜨리면서 학생운동의 흐름을 반미 민족주의 노선으로 바꾸는 촉매 역할을 하였다.

YS 단식과 민추협

― 광주의 참상을 알려야겠어.

1983년 5월 2일 가택연금 상태에 있던 전 신민당 총재 김영삼은 <국민에게 드리는 글>을 발표했다. 언론자유, 정치범 석방, 해직 인사들의 복직, 정치활동 규제의 해제, 대통령 직선제를 포함한 민주화 5개항을 요구하였다. 지금 생각하면 너무나 당연한 수준이었지만, 당시에는 누구든지 말해서는 안 되는 주장이었다. 이어 1983년 5월 18일, 광주항쟁 3주기 되는 날이었다. 김영삼은 '수백 수천 명의 민주시민이 광주에서 무참히 살상당하는 사태에 이르게 된 데에 대한 자책과 참회의 뜻을 표시'하고 '목숨을 잃은 영혼과 거기서 살상된 민주시민들과 그 가족이 겪고 있는 고통에 동참'하는 기회로 삼으면서 '독재권력에 대한 항의와 규탄의 표시'로 단식투쟁을 선언했다. 이것이 역사를 흔들었다. 독재정권의 극렬한 억압체제에 균열을 만들어냈다.

처음에는 언론 통제로 YS의 단식이 세상에 알려지지 않았다. 상도동계 인사들이 동조 단식을 하며 이 사실을 알리기 위해 애썼다. 대학가에는 YS의 단식을 전하는 유인물이 뿌려졌다. 국내 언론이 외면하는 동안 먼저 외신기자들에게 소식이 전해졌다. 또한 미국에서 망명 생활을 하던 김대중에게도 전해졌다. DJ는 미국에서 YS의 단식투쟁을 알렸다. 그리고 김영삼을 구출하라는 플래카드를 들고 워싱턴에서 가두행진을 벌였다. YS 단식이 DJ와 YS의 관계를 복원시킨 것이다.

이것은 신군부가 원하는 게 아니었다. YS와 DJ는 당연히 분열되어야 했다. 그리고 김영삼이 죽으면 안 되었다. 전두환은 민정당 사무총장을 맡고 있던 권익현을 YS에게 보냈다. 권익현은 경비를 모두 부담하겠으니 해외에 잠시 다녀오시라고 YS를 회유했다. 그러나 실패했다. 김영삼은 말했다. "나를 해외로 보내는 방법이 전혀 없지는 않아. 나를 시체로 만들어 해외로 부치시오." 김수환 추기경이 찾아와서 요청을 해서야 겨우 단식을 멈췄다. 그는 23일간 단식했다. 5개항의 요구를 얻는 데는 실패했다.

— 그러나 정치공간을 열어냈다.

YS와 DJ는 태평양을 넘나드는 서신을 교환했다. 오랫동안 서로 믿지 못하고 분열되어 있던 상도동계 정치인들과 동교동계 정치인들이 김영삼의 단식투쟁을 계기로 한데 모이기 시작했다. 선장이 없는 상황에서 상도동계와 협력하면 조직이 와해된다는 반대 의견이 동교동계에서 제기되었다. 권노갑, 한화갑, 김옥두는 참여하지 않았다. 그러나 김상현이 주도하면서 박종률, 예춘호 등의 동교동계 사람들이 참여했다. 동교동계 김상현이 '민주화추진 간담회'라는 명칭을 제안했다. 상도동계 김동영이 '목숨을 걸고 투쟁하는데 무슨 간담회냐'라며 반론했다. 이들이 모여 광주항쟁 4주기를 기념하면서 1984년 5월 18일 <민주화추진협의회>를 결성했다. 약칭하여 <민추협>이다. YS가 공동의장을 맡고, 미국 망명 중인 DJ가 고문, 김상현이 DJ를 대리하여 공동의장 대리를 맡았다. 신군부의 광폭한 군사독재에 맞서 야권이 정치 전선을 만들어내는 데 4년이 걸렸다. 회한과 분노와 인내의 시간이었다. 이 시간 동안 단단히 퇴적된 민주화의 열망을 전두환은 과소평가했다. 1년 후 총선을 통해 그 결과가 나왔다.

드디어 전두환에게 정적이 생겼다.

총학생회 부활

1984년 1학기에 나는 문과대학의 조직동원 책임자가 되었다. 어느 날 조직동원 연습을 해봐야겠다고 생각했다. 수유리에 있는 4.19 묘지에 모이라는 '지시'를 은밀히 내렸다. 휴대폰이 없던 시절이었다. 그럼에도 몇 시간만에 160명 정도가 모였다.

― 우리는 강해지고 있었다.

총학생회를 재건하는 계획을 세웠다. 독재정권은 직선제를 싫어한다. 대통령 스스로가 통일주체국민회의라는 허수아비들에 의해 간선제로 뽑혔기 때문이었다. 그러므로 대학교에서 학생들이 스스로 자신들의 대표를 뽑는 총학생회 재건은 상징적인 의미가 있었다. 먼저 독재정권이 만들어낸 학도호국단을 없애기로 했다.

우리는 그것이 가장 강력한 대중투쟁이라는 결론을 내렸다. 정부가 노리는 건 '학학분쟁'이었다. 학도호국단 학생들과 운동권 학생들이 서로 싸우기를 바랐다. 우리는 정부의 바람 대로 움직이지 않았다. 먼저 은밀히 학도호국단에 파고들었다. 겉으로는 학도호국단 단장이지만 실은 운동권이었다. 마지막 학도호국단 단장은 고려대학교에서는 고병헌, 서울대학교에서는 백태웅이었다. 학도호국단과 총학생회가 충돌할 리 없었다. 고려대학교, 서울대학교, 연세대학교 학도호국단들은 스스로 해체 선언을 했다.

서울대는 이정우, 연대는 송영길, 고대에서는 내가 총학생회장으로 뽑혔다. 직선 총학생회 재건에 성공했다. 전국에서 3곳이 유일했고 불법 총학생회장이었다. 우리는 전국 학생들의 구심체를 만들어내는 방아쇠였고 마중물이었다. 그리고 '전국학생총연합'을 결성하는 데 앞장섰다. 세 학교의 총학생회 부활은 엄청난 사건이었다. 정부에서 난리가 났다. 불법조직을 만든 학생들이니 제적을 시키라고 학교에 압력을 가했다. 세 학교는 미적거렸다. 불법은 맞지만 명분이 서지 않았다. 이리저리 핑계를 대다가 국립대학교인 서울대에서 먼저 이정우를 제적했다. 그다음 송영길이 제적됐다. 고려대학교 김준엽 총장은 끝까지 버텼다. 이듬해 1월에 내가 제적되었다. 김준엽 총장은 나 때문에 1985년 2월 자리에서 물러났다.

당시 이정우, 송영길과 내가 셋이 미리 만나서 함께 작전을 짜기는 했지만 애당초 총학생회장이 될 생각은 없었다. 총학생회 선거에 나올 사람을 정해야 했다. 총학생회장이 되면 무조건 감옥에 가야 한다. 장렬히 전사해야 한다. 그건 무섭지 않았지만 학생회장이 나와는 어울리지 않는 것 같아서 열 명 정도를 만났다. 모두 거절했다. 신분이 공개되는 걸 꺼려했다. 당시 나는 공개되지는 않았지만 고대 전체의 투쟁위원회 책임자였기 때문에 어쩔 수 없이 내가 나올 수밖에 없었다. 후보로 4팀이나 나왔다. 3팀은 운동권이 아니었다. 그런 엄혹한 시절에도 총학생회장에 출마한 그들 덕분에 흥행에 성공했다. 후보들의 유세를 들으러 6천 명이 넘는 학생들이 대운동장을 가득 메웠다. 1만여 명이 투표를 했고, 6,500표를 얻어 당선되었다. 2위는 1,500표였다. 그때가 84년 9월의 일이었다. 전국 최초의 거사였다. 연이어 연세대학교, 서울대학교에서 총학생회가 부활했다.

총학생회를 재건했지만 대학 당국이 학생회비를 거둬주지 않았다. 그래서 4,000여 명의 고대생들이 자발적으로 학생회비를 납부했다. 그 돈으로 가장 먼저 한 일 중의 하나가 손으로 돌리는 수동식 인쇄기를 산 일이었다. 이제 등사판 '가리방' 시대가 끝난 것이다. 전두환이 싫어할 유인물을 만드는 생산력이 백 배, 천 배 증가했다. 우리는 정부가 깜짝 놀랄 큰 이벤트를 준비했다.

어둠 속에서 빛나는 큰 스승

김준엽 고대 총장 이야기를 하지 않을 수 없다. 지금도 그 시절 그분의 말씀을 떠올릴 때마다 내 마음이 뜨겁고 그분이 그리워진다. 내가 전국 최초로 불법(?) 총학생회장에 당선된 때가 1984년 9월초였다. 대학 당국은 도와주지 않았다. 못 본 체 외면하고 있었다. 그럴 수밖에 없었을 것이다. 정부가 총학생회를 불법으로 규정하고 있었기 때문이었다. 정부는 대학 당국에 불법을 저지른 학생들에 대한 제적을 요구하는 상황이었다. 그럼에도 불구하고 당시 학생처장인 서진영 교수는 과거의 학생처장들과 달리 부활한 총학생회에 우호적이었다. 그분 자신이 과거 6.3세대 학생운동가 출신이었으므로 후배들에 대한 애정이 컸다. 하지만 총학생회가 요구하는 합법 인정 등의 요구에 대해서 응답할 수는 없었다. 우리는 우리의 정당성을 요구했다. 총장실이 있는 본관 앞 잔

디밭에서 총장 면담을 요구하는 농성을 벌였다. 집회에는 2천 명의 학생들이 모였다. 연좌농성이었다. "학교 당국은 학생 직선의 총학생회를 인정하라!" 이 소식을 듣고 서진영 교수가 달려왔다. 총장 부속실에서 만나자고 했다. 서 교수의 말씀은 정식으로 총장 면담을 신청해라, 이렇게 실력 행사로 총장을 압박해서는 안 된다…. 그러나 실력 행사가 필요하던 시절이었다. 아마 그냥 면담 신청을 했다면 오히려 학교 당국이 난처했을 것이다. 서슬 퍼런 정부가 지켜보고 있기 때문이었다. 학생들이 실력 행사를 하니 어쩔 수 없이 면담을 해줄 수 밖에 없었다고 정부에 해명할 구실이 생기지 않았을까…. 하여튼 며칠 후 총장실을 찾으니 김준엽 총장이 내 영문과 은사인 여석기 대학원장과 함께 앉아 계셨다. 면담은 짧았다. 총장이 내게 물었다.

— 김 군, 지금 몇 살인가?
— 스물넷입니다.

총장은 한동안 말없이 창밖을 내다보셨다. 이윽고 말을 이었다.

— 옛날 생각을 했네. 내가 그 나이 때 무슨 생각으로 중국 대륙 한복판에서 일본군을 탈출하여 중경의 임시정부를 찾아가 광복군이 되었는지… 그건 애국애족심이었네.ᴬ 나는 자네나 다른 학생들이 그때의 나와 똑같은 마음으로, 애국심으로 민주화 운동을 하고 있다고 믿네. 학교는 걱정 말게. 총장과 교수들은 자네들

을 지키기 위해 최선의 노력을 다하겠네. 하지만 학교가 대놓고 자네들 편을 들지는 못한다는 것도 이해해주게.

> 김영춘 주석 A: 1920년생인 김준엽 총장은 1944년 일본 게이오대학 재학 중에 학도병으로 강제징집되어 중국 장쑤성에 있는 일본군에 배치되었으나, 조선 독립의 일념으로 목숨을 걸고 탈영하여 장준하와 함께 수천 리를 걸어서 충칭에 있는 대한민국 임시정부에 찾아가서는 광복군의 일원이 되신 독립운동가였다. 미국 첩보국(OSS: CIA의 전신)의 특수훈련을 받으며 국내 진공작전을 준비하던 중에 광복을 맞았다.

나도 총학생회 합법 인정을 총장으로부터 받을 생각은 없었다. 단지 이런 과정이 필요했을 뿐이었다. 내가 듣고 싶은 말을 총장으로부터 200% 이상 들었다. 정부는 나를 제적하라고 학교를 압박했다. 그러나 김준엽 총장은 총학생회 합법화를 위해 백방으로 뛰어다니셨다. 학생들이 직선으로 대표를 뽑았는데 교육적 차원에서도 이제는 인정을 해야 되지 않느냐는 게 그분의 주장이셨다. 문교부 장관, 국무총리, 심지어 안기부장까지 만났다고 들었다. 그러나 마이동풍이었다. 거꾸로 괘씸죄에 걸렸다. 나를 제적시키지 않고 버티다가 결국 다음해 2월 그는 총장직 사퇴를 발표했다. 당시 나는 서대문형무소에 있었다. 총장직 사퇴 발표 후에 이어진 졸업식은 눈물 바다가 되었다고 한다. 그리고 대학과 정부에 대한 항의가 대규모 반정부시위로 이어졌다고 한다.

출감 후 나는 김준엽 총장 댁으로 찾아뵙고 진심으로 감사의 말씀을 드렸다. 그분은 내 마음속 참 스승이셨다. 그 후 20년 이상 매해 세배를 거르지 않았다. 중요한 문제가 생기면 꼭 찾아뵙고 상의를 드리기도 했다. 내 인생의 어른이셨다. 2011년 6월 만 90세의 연세로 돌아가시기 며칠 전 병원으로 병문안을 한 것이 마지막 만남이었다. 가쁜 숨을 몰아쉬면서, "왔어? 바쁜데 왜 왔어?"라는 말씀이 내가 들은 마지막 육성이었다. 총장께서는 대전 현충원의 독립유공자 묘역에 묻히셨다. 선생님의 명복을 빈다. 어둠 속에서 빛나는 큰 스승이셨다.

민정당사 점거농성 사건

서울대, 연대, 고대에서 총학생회가 부활되었다. 나는 당시 이정우, 송영길과 함께 어떻게 독재정권과 싸울 것인지 논의했다. 독재와 싸우는 사람들이 있다는 것을 국민에게 알려야 했다. 교내 시위나 평범한 가두시위로만 머물러서는 안 된다고 생각했다. 학교내 구성원들과도 토론했다. 그렇게 논의돼서 결정된 것이 '민정당사 점거농성'이었다. 어차피 이 일로 누군가는 감옥에 가야 하니까 일체의 알리바이를 나한테 맞추기로 했다. 내가 민정당사 농성사건의 배후가 된 것이다.

민주정의당은 '민주'도 '정의'도 없는 정당이었다. 신군부가 '민정당'을 만들었다. 전두환이 총재였다. 독재권력의 전위부대 역할을 하던 여당이었다. 권력의 심장부이기도 했다. 민정당사는 지금의 종로구 인사동에 위치하고 있었다. 민정당사에 진입할 학생 수는 400명으로 계획되었다. 하지만 서울대는 내부 사정이 생겨서 마지막 순간에 불참했다. 고대생 100명, 연대생 100명, 성균관대생 100명이 사전에 조직되었다. 고대 신방과 4학년 이재권이 지휘를 맡았다(그는 지금 울산 울주군에서 농사를 짓고 있다). 1984년 11월 14일이었다. 늦가을 가랑비가 내리던 오후 4시 30분 무렵이었다. 삼삼오오 흩어져 있던 학생들이 "학우여 가자!"라는 구호에 맞춰 민정당사 안으로 돌진했다. 그리고 9층 회의실에 진입하는 데 성공했다. 들어간 학생들의 수는 264명이었다.

'우리는 왜 민정당사를 찾아왔는가'라는 유인물을 살포했다. 노동악법을 개정하라, 노조탄압을 중지하라, 전면해금 실시하라, 학원탄압 중지하라, 국회의원 선거법을 개정하라, 학도호국단 설치령을 폐지하라, 총학생회를 인정히라 등의 14개항의 요구사항이 적힌 유인물이었다. 학생들은 민정당 권익현 대표와의 대화를 요구하였다. 그러나 권익현은 폭도들과는 대화를 하지 않겠다고 선언했다. 학생들은 집권여당의 당사에서 12시간 30분 동안 농성하다가 벽을 깨고 들어온 경찰들에 의해 모두 강제연행되었다. 19명이 구속되었다. 나머지 학생들은 구류나 훈방되었다.

이는 엄청난 사건이었다. 교내 시위만 하던 학생들이 독재정권의 여당 당사를 점거한 것이다. 그것이 세 명, 삼십 명이 아닌 삼백 명의 학생들의 집단농성이었다. 학생들의 항거는 독재정권에 저항하고 민주화를 열망하는 사람들에게 자신감과 용기를 선사했다. 누구든지 침묵을 깨기 시작했다. 양김이 함께 만든 민추협이 학생들을 적극 옹호하고 나섰다. 정국이 요동치고 있었다. 바야흐로 총선이 다가오고 있었다. 총선 한 달 전인 1985년 1월, 나는 민정당사 점거농성 사건의 배후조종 혐의로 경찰에 잡혀 구속되었다. 3년 이상 감옥에 있겠다 생각했다.

— 뭐, 5년도 괜찮아.

2.12 총선, 파열구가 생기다

1985년 2월까지 신군부의 제5공화국에는 3개의 주요 정당이 있었다. 여당과 2개의 야당이 아니라, 전두환 독재정권을 지탱하는 제1당, 제2당, 제3당이었다. 먼저 전두환이 총재를 맡고 있는 여당인 민정당이 제1당이었다. 다음으로 안기부[5]의 기획과 자금으로 창당된 관제야당 민한당이 제2당이었다. 야당이지만 정권을 견제하지 않는다. 제3당 또한 들러리 야당인 한국국민당이었다. 1981년 제11대 국회의원 선거에서 민정당은 151석, 민한당은 81석, 국민당은 25석을 나눠가졌다. 어느 정당도 감히 전두환 정권에 도전하지 못했으므로 정당지배구조는 독재에 안성맞춤이었다. 그 구도가 흔들릴 것 같지 않았다. 지금 생각하면 희극이지만

---

5 국가안전기획부의 줄임말이다. 박정희 시절에는 중앙정보부였다.

당시에는 비극이었다. 파열구를 낼 틈이 보이지 않았다.

앞에서 이야기한 것처럼, 1984년 5월 18일 양김이 협력하여 '민추협'이 만들어졌다. 민추협에서는 다가오는 총선거에 참여하자는 사람들과 성공할 수 없으므로 선거를 거부하자는 사람들로 나뉘었다. 민추협 김영삼 공동의장과 김상현 공동의장 대행은 총선 참여를 강하게 주장했다. "선거거부는 언론 자유가 없는 상황에서는 잘해야 신문에 1단짜리 기사로 한 번쯤 나올 뿐이다. 선거에 참여하면 합법적으로 반독재 투쟁을 벌일 수 있다. 합법적으로 집회가 되고 법으로 군중을 모아주고 이 정권의 독재, 부조리, 부도덕을 공격할 자유도 보장된다. 국민의 정치 불만에 불을 질러야 한다. 그것은 선거 투쟁뿐이다." 그때가 1984년 12월 7일이었다. 그리고 며칠 후 민추협은 12월 11일, 김대중 고문, 김영삼 공동의장, 김상현 공동의장 대행 3인의 이름으로 선거참여를 선언했다. 당을 만들어야 했다. 당은 신민당(신한민주당)이었다. 12월 20일 창당발기인대회를 개최했다. 상도동계 이민우가 명목상 총재였으나, 실질적인 지도부는 가택연금 중인 김영삼과 미국에서 망명 중인 김대중, 두 고문이었다. 총선거는 2월 12일로 예정되었다.

선거 나흘 전인 2월 8일, 미국에서 망명 중인 DJ가 김포공항을 통해 전격 귀국했다. 공항에는 수많은 환영 인파로 인산인해를 이루었다. YS는 공항으로 DJ를 마중하기 위해 집밖을 나가다가 경찰에 의해 저지당했다. 신민당은 대통령 직선제 개헌, 국정감사권 부활, 지방자치제 전면 실시, 언론자유 및 노동악법 개폐라는 선거공약을 내걸었다. YS의 예측 대로 2.12 총선은 개별 국회의원을 뽑는 게 아니라 민주화에 대한 국민투표로 변모하였다. 공약이 중요한 게 아니었다.

— 양김이라는 간판으로 족했다.

많아 봐야 이삼십 석이라는 안기부의 예상이었지만 신민당은 67석을 얻었다. 관제야당을 포함하면 총득표율이 58.1%로 민정당의 35.25%를 압도했다. 2.12 총선은 메가톤급 후폭풍을 몰고 왔다. 민정당은 충격을 받았다. 민한당에 소속된 야당 국회의원들은 너나 할 것 없이 탈당 러시가 이루어졌다. 신민당 의석수가 103석으로 불어났다. 대세는 민주화로 기울었다. 그 무섭던 민정당 정권도 민심수습책을 발표했다. 민정낭 대표는 권익현에서 노태우로 교체되었다. 총학생회가 인정되었다. 훈풍이 불었다. 최소 3년은 각오하고 감옥생활을 하고 있던 나도 3개월 만에 석방되었다. 너도 나도 감옥에서 나왔다. 김대중과 김영삼도 마침내 해금되었다. 정치활동의 자유를 얻었다. DJ는 사면복권되지 않았으므로 반쪽짜리 자유가 주어졌다.

이때 나는 YS를 만났다. 김영삼 민추협 공동의장이 민정당사 점거농성 사건으로 구속된 스무 명의 학생을 초대하여 점심식사를 대접했다. 덕담을 주고받는 자리였다. YS는 학생들의 희생이 헛되지 않았다, 덕분에 총선에서 이겼다, 고맙다는 말씀을 했다. 그때 YS 비서실의 한 사람이 나를 조용히 불러 같이 한번 일해보지 않겠느냐고 제안을 했다. 내가 정치를 하기 위해서 이렇게 학생운동을 했던 건 아니지 않은가? 공장에 가서 노동운동을 해야겠다고 생각했을 때였다.

— 나는 거절했다.

위장취업의 시절

그 시절 노동자들의 삶은 참혹했다. 노동조합이 인정되지 않았다. 공장에서 일하는 사람들은 인간답게 살 권리, 행복하게 살 권리를 주장할 기회가 없었다. 가난한 사람들이 눈물밥을 먹으며 더 인내해야 하는 시절에, 시대의 아픔에 동참하려는 대학생들이 있었다. 그들은 학위를 버리고 공장에 들어갔다. 그걸 '위장취업'이라고 불렀다. 대학생이라는 사실을 숨긴 채 공장에 취업했던 것이다. 노동조합이 없다면 노동조합을 만들고, 노동조합이 노동자가 아닌 회사의 이익을 대변하는 어용노조라면 그걸 노동자 편으로 만들기 위한 취업이었다.

85년 봄 감옥에서 나온 나는 이미 민정당사 농성사건의 배후로 학교에서 제적되어 있었다. 문과대 수석입학 장학생이 학창시절의 낭만과 정다운 추억을 경험해 보지도 못한 채 불효자가 된 상태였다. 나는 내 상황을 그저 그 시절 우리가 감내해야 하는 공통된 시대의 아픔이라고 받아들였다. 석방 후 사회에 적응해야 하니까 일단 선배가 하는 홍제동 번역 사무소에서 6개월 일했다. 현장 준비를 하면서 인민노련[6]의 전신인 서클에 들어갔다. 그다음 서른 명 남짓 일하는 캐비닛 공장에 위장취업했다. 작은 회사였으므로 위장취업을 하는 게 어렵지 않았다. 철판 원단을 가져와서 재단하고 절곡한 다음 조립하고 도장해서 캐비닛을 만드는 공장이었다. 철판 나르는 일부터 했다. 고된 노동이었다. 첫날 하고 나서 완전히 뻗어버렸다. 다음날 출근하지 못했다. 그다음날 다시 출근해서는,

— 죄송합니다. 제가 어제는 뻗어버렸습니다. 다음부터는 그러지 않겠습니다.
— 처음에는 다 그렇게 한다. 내일부터는 그러지 말아라.

그렇게 캐비닛 공장에서 일하기 시작했다. 고참 중에는 손목이 없는 사람이 두 명 있었다. 프레스에 손목이 절단된 노동자였다. 손목이 잘려도 보상은커녕 회사에서 쫓아내지 않으면 고마워해야 하는 시절이었다. 낮에는 노동을 몸에 익혔고 밤이 되면 조직 토론을 했다. 그곳에서 몇 개월 동안 일한 다음 더 큰 공장에 들

---

[6] 인천지역민주노동자연맹의 줄임말이다. 주로 인천지역을 중심으로 활동한 노동운동 조직이었다. 지도부에는 노회찬, 정태윤 등이 있었고, 황광우, 윤철호, 송영길 등이 활동하였다.

어가기 위해 노력했다. 노조도 만들고 의미 있는 활동을 하고 싶었다. 얼굴이 알려진 총학생회장 출신이 위장취업을 하면 조직 보안이 위험해지므로 선배들은 굳이 취직하지 않아도 된다고 말했다. 그럼에도 이력서를 내고 노력했으나 잘 안됐다. 너무 '학삐리'처럼 생긴 얼굴이 문제였다. 손 트라고 한겨울에 찬물로 빨래하고, 면접 보러 갈 때 얼굴에 일부러 흙을 바르기도 했지만 여의치 않았다. 당시 큰 공장에는 학생 출신 위장취업자에 대한 비상 경보가 발동되어 있는 상태였다.

시간이 흐르자 이렇게 지낼 수는 없겠다는 생각이 들었다. 우리 조직과 노동운동 발전에 기여를 해야겠다는 생각에 문구점에 가서 16절지 시험지를 샀다. 볼펜으로 30쪽 분량의 문건을 썼다. 정치노선과 사상노선에 관한 건의이자 제언이었다. 전국에 분열된 채로 할거하고 있는 노동운동 조직을 통일하자, 직선제 개헌운동에 동참하자, 마르크스 레닌주의의 사적유물론을 수정하자는 등의 내용이었다. 특히, 직선제 개헌은 민주화 운동뿐만 아니라 노동운동 발전에도 도움이 될 것이라고, 이것은 언론의 자유와 노조 설립 등의 다른 민주적인 요구도 다 열어제끼는 돌파구가 될 것이라고 확신했다. 그러나 조직의 반응은 냉랭했다. 나는 회람과 토론을 붙여달라고 요구했다. 토론에서 내가 지면 승복하겠다고도 했다. 그러나 토론을 붙여주지 않았다. 불허했다. 토론조차 허용하지 않는 조직을 따를 수는 없다는 생각에 조직을 탈퇴했다.[B]

김영춘 주석 B: 당시 내가 속한 서클은 점조직이어서 상부에 있는 사람들이 누구인지 알지 못했다. 세월이 흐른 후 노회찬 선배가 내게 말했다. 자신이 내 문건을 불온문서로 규정한 사람이었노라고, 미안하다고.

수정주의니 개량주의니 욕을 먹더라도 나는 직선제 개헌운동을 해야 한다는 의지가 강했다. YS가 직선제 개헌운동의 전열을 지휘하고 있던 때였다. 그러므로 그쪽을 도와야겠다는 게 내 자연스러운 판단이었는데, 그때 YS의 김덕룡 비서실장의 제안이 생각났다. 서울로 상경하여 상도동을 찾아갔다. 그때가 86년 말이었다. 김덕룡 실장에게 물었다.

― 전에 말씀하셨던 그 제안이 지금도 유효합니까?
― 당연히 유효하다.
― 직선제 개헌운동을 돕고 싶습니다.

그다음 YS를 면담했다. YS가 반겼다.

― 김 동지, 고맙소. 한번 같이 일하고 싶었소. 직선제 개헌운동 반드시 성공시켜 봅시다.

상도동계와 김영삼

나이 스물여섯에 나는 상도동계[7] 사람이 되었다. 내 발로 찾아간 선택이었다. 목적도 분명했다. 당시 민추협 공동의장이던 김영삼은 직선제 개헌 투쟁의 상징적인 인물이었으므로 나는 이곳에서 힘껏 전두환과 싸우기로 결심했다.

당시 YS를 따르는 상도동계 사람들로는 김동영, 최형우, 김덕룡, 서석재, 홍인길, 김무성 등이 있었다. 상도동계 사람들은 일사분란했던 동교동계와는 결이 좀 달랐다. 비교적 자유롭고 개방적이었다. 당시 나는 YS의 아들보다 나이가 어린 '막내 비서'였다.

---

[7] 김영삼의 자택은 동작구 상도동에 있었고, 김대중의 자택은 마포구 동교동에 있었다. 그래서 사람들은 김영삼을 따르는 정치인들을 '상도동계'라고 불렀고, 김대중을 따르는 정치인들을 '동교동계'로 약칭했다. 상도동계와 동교동계는 서로 경쟁하면서 협력하는 정치 집단이었다. 전두환 정권과 맞서 민주주의를 위해 싸울 때에는 동반자였으나 1987년 대선 즈음부터 분열됐다.

YS에게 전하고 싶은 의견이 있어서 당시 비서실장이었던 김덕룡 씨에게 말씀을 전해 달라고 부탁한 적이 있었다. 이런 답이 돌아왔다.

— 너도 비서이고 나도 비서잖은가? 네가 직접 이야기해라.

1987년 2월 이후 신민당 중심의 직선제 개헌운동이 가속화되었다. 그러자 전두환이 4.13 호헌조치를 발표했다. 점증하는 국민들의 요구를 거부하고 직선제 개헌은 없으며 현행 헌법을 수호하겠다는 발표였다. 그러자 '호헌철폐, 독재타도'라는 목소리가 전국으로 번져갔다. 그 무렵이었다. YS는 국민들이 또다시 너무 많은 희생을 하는 게 아니냐며 걱정을 했다. 밖에서 누군가를 만나고 와야겠다며 YS가 나가려고 하자, 이게 혹시 정부 측 사람들을 만나서 괜히 오해를 받을 일을 하는 게 아닌가 염려한 비서실장이 문을 걸어 잠그고 YS의 외출을 막아버렸다. 김덕룡은 모든 약속을 취소하라고 다른 직원에게 말한 다음 YS를 붙잡았다.

— 못 나가십니다.
— 나, 점심 약속 있는데…
— 약속 다 취소시켰습니다.

그렇게 두세 시간 '보스'를 붙잡고 토론하고 논쟁하기도 했다. 상도동계 사람들은 그런 강단이 있었다. 그런 문화였다.

YS는 잘 싸우는 전사였다. 대범하고 통이 큰 사람이기도 했다. 속된 말로 '쪽팔림은 죽음이다'로 여기는 사람이기도 했다. 난관에 부딪혀도 좀처럼 불가능하다거나 어렵다는 말을 꺼내지 않고 큰 소리를 치면서 주위를 독려하는 스타일이었다. 특히 두 가지 면이 남달랐다. 경청을 잘했다. 남의 이야기를 참 잘 들어주는 사람이었다. 자기 견해가 분명히 있음에도 그걸 잘 드러내지 않고 남의 이야기를 다들어주는 모습을 보인다. 성질이 급한 분임에도 말하기보다는 어디 가서든 주로 듣는 스타일이었다. 그러면 이야기를 하는 사람 쪽에서 자기가 YS를 가르쳐줬다거나 조언을 했다는 기분이 든다. 그는 경청하는 태도로 자기 사람들을 늘려나갔다. 적어도 대통령이 되기 전까지는 그랬다.

또한 YS는 시간 약속을 잘 지켰다. 약속 시간 10분 전에는 반드시 도착하는 사람이었다. 개인과이 약속이든 회의는 마찬가지였다. 늦게 오는 사람, 지각하는 사람을 싫어했다. 언젠가 사석에서 YS가 말했다. "난 시간 약속 안 지키는 사람을 잘 안 믿는다." 시간 약속에 늘 늦는 사람은 약속 관념이 없는 사람이고 더 나아가서 정치적인 약속도 안 지킬 가능성이 있는 사람이라는 것이다.

80년대 당시 상도동계 사람들에게는 '민주산악회'가 특별했다. 전두환 정권에 의해 YS는 여러 번 가택연금에 처해졌다. 가택연금이 풀리더라도 정치활동은 금지당했다. 할 수 있는 게 없었다. 가택연금 해제와 정치활동 금지 사이에서 조직을 만들어 낸 묘안이 바로 민주산악회였다. 정권의 정치 사찰에 맞서 "산에도 못 가냐?"로 맞선 것이다. 민주산악회 깃발을 따라 사람들이 산에 모였다. 산에서 울분을 토하고 민주주의를 외쳤다. 조국의 산하를 걸으면서 저항을 맹세하고 희망을 염원했다. 산에서 사람들이 강해져 갔다. YS도 마찬가지였다.

정치깡패 용팔이의 등장

1987년은 이듬해 임기가 끝나는 전두환 다음 대통령을 뽑는 해였다. 다시 거수기[8]로 대통령을 뽑느냐 아니면 국민의 손으로 직접 대통령을 뽑아 민주주의를 회복하느냐 중대한 시기였다. 민심의 흐름은 민주주의였다. 학생들은 연일 독재타도를 외쳤다. 김영삼과 김대중이라는 걸출한 정치 지도자도 있었다. 모두가 한 목소리로 직선제 개헌을 주장했다. 전두환 정권은 장세동 안기부장을 내세워 공작정치로 맞섰다. 먼저 신민당 총재 이민우가 걸려들었다. 이민우 총재는 YS와 오랫동안 고난을 함께한 인물로 서로 동지적 관계였으나 DJ와는 서로 신뢰가 없었다. 이민우는 명

---

[8] 1972. 12. 23. 통일주체국민회의에서 99.92%로 박정희를 제8대 대통령으로 선출한 이래로 통일주체국민회의에 의한 대통령 선출은 1978년 제9대, 1979년 제10대, 1980년 제11대, 1981년 제12대까지 모두 독재자를 대통령으로 옹립하는 선거제도였다.

목상의 총재였다. 그런데 1986년 12월 24일 이민우 신민당 총재가 자유화 조치가 선행되면 민정당의 내각제 개헌안을 고려해보겠다는 소위 '이민우 구상'을 발표했다. 난리가 났다. 이는 다수당 민정당을 기반으로 전두환이 실권을 다시 쥘 수 있는 방법이기도 했다. 김대중은 이민우를 비토했으며 김영삼은 이민우를 설득하기 위해 애썼다. 사람들은 이런 일련의 과정을 '이민우 파동'이라 불렀다.

YS가 앞장 서서 이민우를 설득하는 동안에 신민당 비주류의 대표격인 이철승 의원이 당론과 다른 내각책임제 지지를 선언했다. 그러자 상도동계와 동교동계 주류는 이철승 징계를 논의했다. 주류와 비주류 사이에서 신민당이 혼미상태에 빠지자 비주류 이택희, 이택돈 의원이 깡패들을 동원해서 종로구 인의동에 있던 신민당사를 점거했다. 지금으로서는 상상할 수 없는 일이지만, 전두환 정권에서는 가능한 일이었다. 안기부장 장세동이 이택희와 이택돈을 회유하고 뒤를 봐줬다. 그들이 1987년 4월 4일 인의동 신민당사를 점거하면서 이택희 등에 대한 징계안이 처리되지 못하도록 물리력으로 막았다. 야당 당사는 수라장이 됐다. 그러나 경찰은 출동을 거부했다. 나는 상도동 선배 비서였던 박종웅에게 말했다.

— 형님, 깡패들이 들어왔다는데 우리가 현장에 가서 일이 어떻게 돼 가는지 정확히 본 다음 상황을 보고해야 안 되겠습니까?

그래서 박종웅과 나는 인의동 신민당사를 찾아갔다. 총재단 회의를 하는 10층에 가보니, 살벌했다. 누가 봐도 '동원한 깍두기'들로 가득했다. 더러는 서 있고 더러는 앉아 있었다. 집기들이 어지럽게 치워져 있었다. 갑자기 누군가 박종웅을 가리키며, "김영삼 똘마니다!"라고 소리쳤다. 아직 얼굴이 알려지지 않아서 그런지 함께 있던 나는 외면했다. 십여 명의 깍두기들이 달려들면서 박종웅을 엘리베이터 안으로 끌고갔다. 순식간에 벌어진 일이었다. 박종웅을 구하기 위해 나도 엘리베이터 안으로 뛰쳐들어갔다. 그러나 발길질에 뒤로 넘어지고 말았다. 엘리베이터 문이 닫히자 나는 일어나 10층에서 1층까지 한달음으로 내려갔다. 헉헉거리며 1층에 도착했을 때에는 이미 박종웅은 바닥에 널브러져 있었다. 엘리베이터 안에서 봉변을 당한 것이다. 경찰은 수수방관했다. 갈비뼈가 부러진 박종웅은 국립의료원으로 실려갔다.

— 누가 가라 그랬노?

병문안을 온 YS가 책망하며 말했다. 위험하니까 그곳엔 가지 말라고 지시를 했는데 젊은 비서들이 충심을 내다가 결국 봉변을 당하고 만 것이다. "죄송합니다. 제가 가자 그랬습니다."

이택희의 조직폭력배 동원으로 신민당은 종말을 고하고 말았다. 상도동계와 동교동계는 신민당을 버리기로 결심했다. 직선제 개헌을 내세우며 전두환 정권과 제대로 싸울 새로운 정당을 창당

On Pain
Kim young choon

I'm Reading

내가 남보다 조금 더 잘났다 싶어도 길게 보면 오십보 백보요, 결국 피장파장이다. 시비심이란 게 얼마나 허망한 것인가. 내 생각의 옳음을 지키기 위해서라도 다른 사람의 생각을 인정해주는 역설의 힘을 깨닫는다.

― 김영춘

하기로 했다. 그것이 <통일민주당>이다. YS가 총재를 맡았다. 그 과정도 지난했다. 일련의 공작정치가 통일민주당 창당과정 내내 괴롭혔다. 지구당을 창당하는 곳마다 몽둥이를 든 폭력배들이 등장했다. 4월 24일 통일민주당 관악구 지구당 창당대회가 열렸다. 나중에 제15대 국회에서 국회의장을 역임한 김수한 의원의 지구당이었다. 쇠파이프와 몽둥이를 든 '깍두기'들이 통일민주당 대의원과 당원 수십 명에게 뭇매를 가하면서 난동을 벌였다. 우리는 행사장 안으로 들어가지도 못했다. 이것이 세칭 '용팔이 사건'이다. 그러나 누구도 잡혀가지 않았다. '용팔이'로 불리던 폭력배 김용남의 뒤에는 이택희가 있었고 그 뒤에는 장세동이 있었다. 정통 야당의 탄생을 막기 위한 전두환 정권의 정치 공작이었다. 이들은 정권이 교체된 후에야 구속되었다.

1987년

많은 사람이 현재 우리 사회를 일컬어 '87년 체제'라고 부른다. 우리 사회의 근간이 되는 헌법이 이때 만들어졌기 때문이다. 수많은 이의 목숨이 대가로 지불되었다. 1972년 유신독재 시절부터 전두환 군사정권까지 그 긴 폭정의 세월에서도 민주주의에 대한 열망은 꺼지지 않았다. 1987년에 이르러 우리는 모두 광장에 다시 나왔다. 희망이 공포를 이겨냈다.

1월 14일 서울대생 박종철이 경찰에 연행되어 남영동 대공분실에서 물고문으로 사망했다. 그곳은 수많은 민주화 인사를 고문하던 곳이었다. 1985년 이근안이 물과 전기로 김근태를 고문한 장소이기도 했다. 전두환 정권의 언론통제와 보도지침이 뚫리면서 중앙일보가 보도하고 동아일보가 특집기사를 냈다. 사람들이 분노로 들끓었다. 박종철 고문치사 사건은 1987년 항쟁의 시작을 알렸다. 기도와 구속과 단식이 이어졌다.

이민우 파동이 끝날 기미가 없자 4월 8일 김영삼과 김대중은 신당창당을 선언했다. 동교동계 의원 34명과 상도동계 의원 40명이 신민당을 탈당했다. 4월 정국은 혼미했다. 4월 10일 김대중 고문이 다시 가택연금을 당했다. 4월 13일 전두환이 4.13 호헌조치를 발표한 다음날 김수환 추기경이 호헌조치를 정면으로 비판했다. 통일민주당 창당준비위원장인 김영삼은 전두환의 호헌에 맞서 김대중의 사면복권과 직선제 개헌을 요구하는 성명을 발표했다. 그리고 호헌철폐를 요구하는 각계의 시국선언이 이어졌다. 대학교수, 예술인, 종교인, 언론인, 출판인, 재야단체를 막론한 시국선언이었다. 그러는 사이 신민당을 탈당한 사람들이 직선제 개헌을 내걸고 창당 작업을 개시했다. 현판식을 하면서 전국을 돌며 정치적인 에너지를 집결시켰다. 그러자 도처에서 폭력배들이 창당대회를 습격하여 난동을 피웠다. 앞에서 이야기한 '용팔이 사건'이었다. 전두환 정권의 정치공작은 익숙한 일이었다. 그럼에도 5월 1일 '통일민주당'이 창당되었다. 김영삼이 총재가 되었다.

명동성당에서 5.18 광주민주화 운동 7주기 미사가 열렸다. 미사가 끝난 후 천주교정의구현사제단은 박종철 고문치사 사건이 조작되었음을 알렸다. 5월 23일 박종철 고문 살인 은폐 조작 규탄 국민대회 준비위원회는 오는 6월 10일 '고문살인 은폐규탄 및 호헌철폐 국민대회'를 예고했다. 5월 27일 야당과 재야와 종교계가 참여하여 직선제 개헌을 요구하는 민주헌법쟁취 국민운동본부('국본')를 결성했다. 김영삼과 김대중은 국본의 고문이 되었다.

전국 곳곳에서 직선제 개헌을 요구하는 시국 집회가 이어졌다. 6월 9일 연세대에서는 이한열 학생이 최루탄에 맞아 쓰러졌다. 야당 국회의원도 하나같이 최루탄 연기에 눈물을 흘리며 시위에 동참했다. 집회 선두에 서서 시위대를 보호하던 민주당 총재 김영삼도 '닭장차' 안으로 끌려갔다. 이런 모습이 1980년 서울의 봄과 다른 모습이었다. 학생과 시민만이 아니었다. 민주주의를 열망하는 모든 세력이 함께했다. 민정당은 6월 10일 서울 잠실체육관에서 노태우를 대통령 후보로 선출했다. 바로 그날, 국민운동본부는 예고했던 대로 전국 곳곳에서 박종철 군 고문 살인과 은폐를 규탄하고 호헌철폐를 요구하는 국민대회를 개최했다. 이를 '6.10 항쟁'이라고 부른다. 6월 민주항쟁의 본격적인 시발점이 있다. 명동성당 농성이 시작되었다. 수백 만의 시민들이 참여한 '호헌철폐, 독재타도'의 파고는 날로 커져만 갔다. 모든 대학에서 반정부시위가 이어졌다. 직선제 개헌과 이 나라의 민주주의를 열망하는 농성과 시위와 시국성명이 대한민국 전역에 가득했다. 점점 더 커져갔다. 6월 29일 노태우 민정당 대표는 직선제 개헌, 김대중 사면복권 등 시국수습을 위한 특별 선언을 발표했다. 이것이 '6.29 선언'이었다. 결국 신군부가 백기를 들었다. 7월 1일 전두환은 6.29 선언 내용을 전부 수용한다는 특별 담화문을 발표했다.

우리가 이긴 것이다.ᶜ 80년 5월부터 7년의 세월이 걸렸다. 너무 많은 목숨을 잃었다.

> 김영춘 주석 C: 마침내 직선제 개헌을 이루어냈다는 생각에 감개무량했다. 그러나 환호할 기분은 아니었다. 6.29 선언을 노태우의 '위대한 결단'으로 칭송하면서 신군부가 어떤 큰 작업을 하는구나 라는 생각에 불안감도 자욱했다.

6월 항쟁에 이어 대한민국 전역에는 또 다른 목소리가 터져 나왔다. 7월에 시작되어 10월 초까지 이어진 파업이었다. 3,255건의 파업이 발생했다. 백만 명이 넘는 노동자가 파업에 참여했다. 노동자들은 노동기본권의 준수, 노동조합 활동 보장, 임금인상과 근로조건 개선 등을 요구했다. 공장에서 벌어진 경제민주화 열망이었다.

1987년 10월 27일 국민투표 93.1% 찬성으로 새 헌법이 만들어졌다. 대통령 직선제, 국회의원 소선거구제, 경제민주화 조항이 헌법에 반영되었다. 그해 12월 16일 새 헌법으로 제13대 대통령 선거가 실시됐다. 그리고 1987년은 민주화 원년으로 기록되었다.ᴰ

> 김영춘 주석 D: 1987년 우리나라 1인당 국민소득GNI은 3,321달러였다. 33년이 흘렀다. 2019년 1인당 국민소득은 32,047달러를 기록했다. 야만적인 군사독재를 국민의 힘으로 몰아내자 정치 곳곳에서 민주주의가 뿌리를 내렸다. 87년 이후 우리 국민들은 일곱 명의 새로운 대통령을 뽑았다. 경제발전도 이루어냈다. 대한민국 33년의 변화상은 다른 나라의 백 년, 이백 년의 변화와 맞먹는다. 1987년 헌법은 한 시대를 잘 담아낸 그릇이었다. 그러나 이제는 그 수명이 거의 다한 것 같다. 87년 당시에는 잘 알지 못했지만, 이제

는 많은 사람이 대통령에게 권력이 집중된 제왕적 대통령의 문제, 5년 단임제의 한계, 더 강한 지방분권의 필요성 등을 제기한다. 대한민국의 질적 성장을 담아줄 새로운 그릇에 관한 이야기다. 다시 개헌의 시절이 임박한 것이다.

제2장
야만에서 민주주의로
1987~1997

양김은 한국 민주주의 역사에서 가장 중요한 두 인물이었다. 두 사람 모두 평생에 걸쳐 독재와 싸우면서 이 나라 민주화에 헌신했다. YS와 DJ에게는 남다른 권력의지가 있었다. 그것이 다른 사람이 따라올 수 없는 자기들만의 입지를 만든 원동력이었다. 그 권력의지를 좇아 사람들이 모였다. YS를 중심으로 모인 사람을 상도동계라고 불렀고, DJ의 지도력 아래에서 뭉친 사람들을 동교동계라고 칭했다. 이들은 민주화를 위해 서로 협력하면서도 운명적으로 대립할 수밖에 없는 특수한 관계였다. 민주화 동지이자 평생 라이벌이었다. 양김의 대립과 갈등으로 말미암아 수많은 사람의 마음속에 멍이 들고 한이 맺히기도 했다.

YS와 DJ는 모두 그들의 권력의지와 영도력에 걸맞게 결국 대통령이 되었다. 두 사람 모두 자기 세력을 만들면서도 언제든 경계를 넘어 인재를 모으고 사회통합을 도모하는 데 게을리 하지 않았다. YS가 먼저 대한민국의 제14대 대통령이 되었다. 그가 군벌을 척결하고 부정부패의 고리를 끊음으로써 제15대 대통령이 된 DJ가 안정적으로 국정을 운영할 초석을 닦았다. 대한민국을 이끈 두 거목의 명복을 빈다.

양김의 분열과 노태우 당선
4당 체제와 5공 청문회
3당 합당
노태우 정부에 대하여
YS의 승리
하나회 척결
1993년 긴급재정경제명령
5.18 특별법과 전두환 등에 대한 재판
문민정부의 명암
신한국당
YS와 DJ

양김의 분열과 노태우 당선

흔히 3김이라고 하면 DJ, YS, JP를 지칭한다. 한국 현대사에 큰 영향을 미친 인물들로, 김대중, 김영삼, 김종필을 말한다. 세 분 모두 1987년 12월 제13대 대통령 선거에 출마했다. 지역기반이 확실한 지도자이기도 했다. JP는 충청도를 지역기반으로 옛 공화당에 애정을 둔 보수파의 지지를 받았다. 오랫동안 재야에 머물렀던 DJ는 호남과 진보진영의 강력한 '선생님'이었다. YS는 제도권 야당의 지도자로 특히 영남 사람들과 합리적인 보수와 중도층의 확고한 지지를 받고 있었다. JP도 신군부의 탄압을 겪었다. 그러나 당시 야권 단일화는 양김의 단일화를 뜻했지 3김의 단일화는 아니었다. JP는 박정희 시절 공화당 정치인이었으므로 당시 민주화 염원과는 거리가 있었다.

1987년 대통령 선거에 대해서는 누구나 한마디씩 말한다. 사람마다 이야기는 조금씩 달라도 양김의 단일화가 당시 반드시 필요했다는 점에 대해서는 이견이 없다. 그때의 대통령 선거는 국민들의 민주화 열망이 만들어낸 것이기 때문이었다. 단일화는 모든 민주화 운동 세력의 요구였다. DJ를 지지하는 재야조차 야권 단일화를 원했다. 분열되면 신군부의 2인자 노태우가 어부지리로 당선될 것이다. 그러나 야권의 단일화는 잘 안 되었다. 실패했다. 결과적으로 노태우가 36.6%(8,282,738표)로 당선되었다. 김영삼, 김대중, 김종필 순으로 낙선자 득표율이 나왔다. 후회스러운 결과였다. 이런 결과를 얻으려고 그토록 희생을 치른 것인가. 1980년 신군부의 총검에서 비롯된 야만의 시대를 끝내기 위해 얼마나 많은 사람이 눈물을 흘렸던가. 대통령 선거가 끝난 후 사람들은 시대적 사명을 저버린 양김을 한탄했다. YS와 DJ도 후보 단일화 실패를 한스럽게 생각했다. 어디 두 사람뿐인가. 직선제 개헌을 외친 모든 사람이 실망하고 눈물을 흘리며 탄식했다.

밀고 당기는 여러 과정이 있기는 했지만, 통일민주당 총재였던 김영삼은 끝까지 야권 단일화를 이루어내기 위해 노력했다. 그것이 내가 곁에서 목격한 김영삼의 진심이었다. 처음에는 DJ가 양보하기를 원했다. 직선제 개헌이 되면 자신은 대선에 불출마하겠다는 DJ의 공언이 있었기 때문이었다. 1971년 대선에서 김영삼 자신이 김대중을 위해 헌신하기도 했으므로 이번에는 자기 차례라고 생각했을지도 모른다. 그러나 DJ는 불출마 선언을 없던 일로 했다.

그런 때조차 마지막 협상안을 제시한 사람도 YS였다. 통일민주당에서 상도동계 50%, 동교동계 50%로 대의원을 정확히 배분한 다음에 공평하게 경선하고 그 결과에 깨끗이 승복하자는 제안이었다. 그러나 DJ는 이런 제안도 거절했다. DJ는 동교동계 사람들과 함께 통일민주당을 탈당하여 1987년 11월 12일 평화민주당을 창당하였다. 그리고 평민당의 총재와 대선 후보가 되었다.

김대중은 생각이 달랐다. 각자 출마하더라도 영남표는 김영삼과 노태우가 나눠 가질 테고, 충청표는 김종필이 가져간다면, 수도권과 호남에서 몰표를 얻을 게 분명하므로 김대중 자신이 승리한다는 분석이었다. 이것이 그 유명한 '4자 필승론'이다. 그러나 비극적인 결말이 이 논리의 허망함을 알려주는 데까지 그리 오랜 시간이 걸리지 않았다.

그해 시일 고려대학교에서 시국토론회가 열렸다. 단일화의 불씨가 꺼져가는 상황이었다. 양김이 초대되었다. 김대중은 참석한다. 김영삼도 참석할 것인가. 상도동계 사람들이 모여 토론했다. 모두 반대했다.

— 그건 다 짜놓은 각본입니다. 그 자리는 무늬만 시국토론회지 DJ 유세장입니다. 총재님이 참석했다가는 DJ를 빛내주는 역할만 하고 들러리로 전락할 게 뻔합니다. 망신만 당합니다.

막내 비서인 나만 유일하게 시국토론회에 참석해야 한다는 의견을 냈다. YS가 DJ보다 연설을 못하는 건 누구다 다 아는 사실이었다. 그러나 설령 그런 자리에서 불이익이 생기더라도 단일화를 위한 진심을 전할 수는 있으니, 정면으로 돌파하자는 의견이었다. 결국 YS는 고대 민주광장에서 열린 시국토론회에 참석했다. 그리고 역시 망신과 모욕을 당했다. 곳곳에서 야유 소리가 났다. 사퇴하라는 외침이 군중 속에서 터져나왔다. 설상가상으로 다른 사람이 연설할 때에는 문제없던 스피커가 유독 YS가 연설할 때에는 이상이 생겼다. 굴욕을 당한 것이다. 반면 DJ는 군중들의 '김대중 대통령'이라는 구호와 함께 열렬한 환호를 받았다. 감격한 김대중은 다음 날 동교동계 정치인과 함께 통일민주당을 탈당했다. 끝끝내 후보 단일화는 이루어지지 않았다. 그때의 환호와 감격은 두 달도 안 돼 우리 역사의 눈물로 바뀌었다.

그날 돌아와서 상도동계 사람들은 혀를 찼다. 그것 보라며 고대 시국연설회에 참석하자고 의견을 냈던 나를 책망했다. 나는 면목 없는 얼굴이 되었다. YS가 사람들을 말리며 다음과 같이 말했다.

— 결정은 내가 했지. 영추이가 했나?

그러자 더이상 누구도 나를 질책하지 않았다. 그해 사람들의 열망은 침묵으로 바뀌었다. 대통령 선거를 앞두고 대항항공 858기가 폭파되는 사건이 발생했다. 선거를 앞두고 '북풍'이 불었다. 금권선거라는 말도 횡행했다. 아마도 민정당은 조 단위의 선거 자금을 살포했을 것이다. 무엇보다 1987년 민주화 운동의 성과가 영호남의 지역감정으로 변질되고 말았다. 이것이 아팠다. 우리 시대가 짊어져야 할 고통이 되고 말았다. 양김의 분열이 영호남의 분열을 낳은 것이다. 이건 YS와 DJ, 두 분 모두 바라는 결과가 아니었다. DJ는 회한에 젖은 채 자기라도 양보했어야 했다며 후회했다.

1987년 12월 16일 새로운 헌법으로 노태우가 대통령으로 당선되었다. 노태우 대통령의 제6공화국이 탄생함으로써 신군부 권력은 위세를 되찾았다. 그러나 오래 가지는 않았다. 이듬해 총선거가 치러졌다.

4당 체제와 5공 청문회

정권교체는 실패했다. 하지만 직선제 개헌은 이루어냈다. 그런 과정에 청춘을 바치면서 나는 20대 중반의 나이에 정치를 압축적으로 경험했다. 현장에서 많은 것을 배웠다. 이제 대학에 돌아가야겠다는 생각이 들었다. 야만의 시절이 저물고 민주화 훈풍이 불고 있었다. 마침 민정당사 점거농성의 배후로 제적된 나도 1988년 신학기에 영문학과 4학년으로 '복적'되었다. 교정에 돌아와서는 열심히 공부했다. 이제는 세상을 밝혀주는 공부를 하고 싶었다. 혼미하고 어지러운 세상에 길을 밝혀주는 그런 공부를 생각했다. 당시 소련뿐 아니라 현실 사회주의권이 몰락하기 시작하던 때라 새로운 시대적 성찰이 필요한 시기이기도 했다. 죽어라고 공부했다. 1989년 7:1의 경쟁을 뚫고 정치외교학과 대학원에 진학하는 데 성공했다.

대학에 복교한 직후인 1988년 3월경이었을 것이다. YS에게서 연락이 왔다. 좀 보자고 했다. 다가오는 4월 26일 총선거에 통일민주당 후보로 서울 성북구에 출마하라는 말씀이었다. YS는 평소 나를 아들처럼 대해 주었다. 그만큼 내가 어렸다. 주위 사람들이 웃으면서 나를 YS의 셋째 아들이라고 말하곤 했다.

— 에이, 제 나이가 고작 만 스물여섯입니다.
— 그럼 됐네. 스물다섯[9]을 넘었잖아.
— 돈도 없고요.
— 걱정 마라. 돈[E]과 조직은 내가 다 대줄게.

> 김영춘 주석 E: 당시의 정치자금에 관한 법과 문화가 지금과는 많이 달랐다. YS가 부잣집 출신이라고는 하지만 전국 단위로 정치를 할 정도의 크기는 아니었다. 별도로 돈이 필요했다. 이곳저곳에서 후원된 정치자금을 사용하게 되는데, YS는 정치자금에 대한 확고한 원칙이 있었다. 밖에서 들어오는 돈은 바로 밖으로 내보낸다, 정치자금은 절대 모아 두지 않는다, 돈을 모아 두면 그게 문제를 일으킨다, 라는 신조였다. YS는 그 원칙 대로 돈을 사용했다. 권력의지는 매우 강한 분이었지만 돈에 대해서는 비교적 자유롭고 물욕이 없는 정치인이었다.

---

[9] 공직선거법 제16조 제2항은 국회의원의 피선거권은 25세 이상의 국민으로 국회의원 자격을 제한하고 있다. 김영삼은 1954년 제3대 총선에서 만25세의 나이로 당선되었고, 이것이 최연소 국회의원 기록으로 지금까지 남아 있다.

― 총재님, 저는 이제 정치 안 합니다. 학교에 복적되었고요. 이제부터 공부를 좀 할 계획입니다.
― 그럼 니는 나한테 왜 왔노? 정치도 안 할 거면서.
― 제가 말씀드렸잖습니까. 총재님 곁에서 직선제 개헌운동에 힘을 보태기 위해 찾아왔다고요. 이제 제 역할이 다 끝났으므로 제자리로 돌아가려고 합니다.[F]
― 그래? 남들은 돈 싸 들고 와서 공천 달라는데, 허, 참!

> 김영춘 주석 F: 이때 김영삼 총재는 정치를 하지 않겠다는 내 얘기를 듣고 상당히 놀라셨다. 어이없는 표정을 보이시면서도 '영춘이 이놈이 사심은 없는 인물이구나'라고 생각하신 것 같다. 그 후 나는 학교에서 공부하면서도 불려가기도 하고 내가 일부러 찾아뵙기도 하는 등 관계를 이어갔다

1988년 4월 26일 제13대 총선거가 치러졌다. 노태우가 대통령에 취임한 지 두 달 후의 총선이었다. 여당인 민정당은 125석을 얻었다. 호남을 석권한 평민당은 70석, 부산 경남을 기반으로 통일민주당이 59석, 충청권의 공화당은 35석을 얻었다. 대통령 선거 때의 지역분할이 재현되었다. 이때 부산 동구에서 통일민주당 후보로 어느 정치신인이 당선되었다. 부산인권운동의 대부인 김광일의 추천으로 YS가 스카웃한 재야 인권변호사 노무현이었다. 그는 신군부 출신의 허삼수를 누르고 정치현장에 나왔다. 노무현은 5공비리청문회에서 일약 전국구 스타가 되었다.

제13대 국회는 '여소야대'였다. 게다가 3김이 야당 총재였다. 단순

히 의석수의 문제가 아니었다. 4.26 총선 결과 대통령이 상대하기 어려운 야당 당수가 한 명이 아니라 세 명이나 되었으므로 노태우 정부는 자기가 뜻하는 대로 정국을 운영할 수 없게 되었다. 3김 모두 국회의원이 되었으므로 제13대 국회의 위상도 이전과 달리 높아졌다. 국회의 국정감사권이 16년 만에 부활되었다. 대한민국 헌정사상 최초로 국회청문회가 개최됐다. 5.18 광주민주화운동 진상조사특별위원회와 제5공화국 정치권력형 비리조사특별위원회가 구성되었다. 이른바 광주청문회와 5공비리청문회였다.

불과 2년 전까지 절대권력자들이었던 전두환, 장세동 등 군부 실세들이 줄줄이 청문회 증인으로 출석했다. 모든 국민이 보는 앞에서 그들에 대한 공개 신문이 이루어졌다. 이 5공비리청문회는 한편으로는 진실을 규명하고 다른 한편으로는 원통한 마음을 푸는 해원의 과성이었다. 모든 진실이 규명된 것은 아니며 모든 문제가 풀렸던 것도 아니었지만, 그 자체로 큰 의미가 있었다. 독재자 전두환이 국회 청문회 증인석에서 일어났을 때 노무현은 답답하고 분개한 마음을 표현할 길이 없어 명패를 던졌다. 형식적으로는 무리였겠지만 방송을 통해 보는 사람 마음이 다 시원했다.

3당 합당

1990년 1월 22일 나는 믿기지 않는 뉴스를 접하고 큰 충격에 빠졌다. 민정당, 민주당, 공화당 세 정당이 전격적으로 합당한다는 보도였다. 합당한 정당의 이름은 민주자유당, '민자당'이었다. 곧이어 국회의석 217석의 괴물정당이 탄생했다. 여소야대에서 거대 여당으로 정국이 180도로 바뀌었다.

대통령이 속한 민정당은 여소야대 국면에서 할 수 있는 게 많지 않았다. 정부여당은 88 올림픽 특수가 있었음에도 차세대 주자가 없었고 지지율도 낮았다. 이대로 가면 정권을 빼앗길 상황이었다. 그러므로 통치력을 회복하고 정권교체를 막기 위해서라면 DJ, YS, JP 누구와도 협력해야 했다. 막전막후에서 통합 이야기가 오갔다. 노태우 대통령은 먼저 DJ에게 합당을 제안했다. DJ는 거절했다. JP의 공화당은 신군부에 의해 탄압을 받은 역사가 있기는 했지만 보수 정서가 같고 내각제 개헌이라는 목표가 있었으므로 민정당과의 합당에 거리낌이 없었다. 민정당과 공화당만의 합당으로는 오히려 분열된 YS와 DJ를 결속시키는 계기가 될 위험이 있었다. 그러므로 YS가 이 합당의 사실상의 주역이었다. 그는 자신의 집권을 위해서는 이 길밖에 없다고 생각했다.

― 호랑이를 잡으려면 호랑이 굴에 들어가야 한다.

이것이 YS의 명료한 생각이었다. 그러나,

― 군부독재와 싸우면서 만든 정당이 독재자들의 소굴이었던 민정당과 합당한다고?

나는 있을 수 없는 일이라고 생각했다. 당에서도 내홍이 있을 수밖에 없었다. 통일민주당은 신군부의 민정당에 맞서 민주화 운동의 염원으로 만들어진 정통 야당이었다. YS 본인도 군부독재의 가택연금과 정치활동 금지로 억압을 받은 당사자였다. YS의 오른팔 격인 최형우는 합당 거부를 선언했다. 많은 사람이 이게 웬 말이냐며 술렁거렸다. 그만큼 비밀스럽게 진행된 합당이었다. YS는 민정당과는 합당할 수 없다며, '야합'이라고 반발하는 의원들을 직접 만나면서 일대일로 설득했다. YS의 간곡한 설득에 최형우를 비롯한 대부분의 상도동계 정치인들이 합류하기로 결정했다. 이기택, 김광일, 장석화, 노무현, 김정길은 끝내 3당 합당에 불참하기로 결정했다. 이들은 이철, 박찬종과 함께 민주당을 창당했다. 이를 '꼬마민주당'이라고 부른다. 이 당은 나중에 DJ의 신민주연합당과 합당한다.

대학원에서 공부하던 나는 곧 YS를 찾아갔다. 작별 인사를 하기 위함이었다. 심정적으로는 YS의 결단을 이해할 수 있었다. YS에게는 1987년의 상처가 매우 컸다. DJ와의 야권 단일화는 그렇게 노력했어도 불가능했으며, 어차피 DJ는 또 독자 출마할 것이고, 그럼 다시 야당 후보가 패배할 수밖에 없다는 논리였다. 같은 하늘 아래 자신과 DJ는 양립할 수 없으므로 결국 호랑이를 잡으려면 혼자서라도 호랑이 굴로 들어갈 수밖에 없다는 명분이었다. 그러나 정치란 하나의 명분을 얻으면 또 다른 명분을 상실할 수 있는 것이다. 군사독재의 잔재가 아직 청산되지 않은 상황에서 제5공화국의 잔존세력이 활개치는 민정당과 합당한다면 그것만으로도 면죄부를 줄 위험이 있다. 더구나 민정당 세력이 두 배 이상 크기 때문에 괜히 이용만 당하고 토사구팽에 직면할 게 뻔하다. 또한 3당 합당은 87년 대선이 만들어낸 지역대립을 심화시킬 우려가 있었다. 특히나 내게는 마지막 자존심 같은 것이 있었다. 불과 5년 전에 민정당사 농성사건을 일으키며 민주화 운동을 했던 자가 민정당과 합당해서 만들어진 정당을 지지할 수는 없는 노릇이 아닌가.

― 총재님, 마음만은 충분히 이해합니다만, 저는 따라가지는 못합니다.

나는 그렇게 말씀드리고 YS와 작별했다.

노태우 정부에 대하여

노태우는 군부 사조직 '하나회'의 2인자였다. 하나회 수장이자 육사동기인 전두환이 12.12 군사반란을 일으킬 때 육군 제9사단장으로 군사반란이 성공하는 데 큰 기여를 했다. 쿠데타의 종범이자 괴수의 측근이었다. 그러나 다른 신군부 인사들과는 결이 다른 사람이었다. 역사적으로 평가하자면 그는 대통령이 되고 나서 자기 몫을 한 인물이었다.

노태우 대통령은 세상의 흐름을 좇아간 사람이었다. 역사의 큰 흐름은 보수에서 진보로 흘러간다. 그는 흐름을 거역하지 않고 무리하지 않으면서 중간에서 매개하는 역할을 잘 수행했다. 사람들은 그런 노태우를 두고 '물태우'라며 놀렸다. 미온적이며 카리스마가 없다는 이유로 물에 물 탄 듯하다고 비꼬았던 것이다. 그런데 그것이 그 시대에는 맞는 역할이었다.

노태우 정부를 두고 좋은 정부라고는 말할 수 없겠지만, 그럼에도 그 기간 민주화는 더 진전했다. 민주화를 통한 부의 재분배도 일어났다. 국민들의 소득과 학력이 함께 향상되면서 근대적인 중산층이 만들어졌다. 국민의 생활 수준이 획기적으로 개선되었으며 경제성장이 지속됐다. 그런 발전을 가능케 한 당시의 정치체제와 국가의 수용력은 훌륭한 것이었다. 그것이 대한민국 역사에서 노태우 정부가 지니는 긍정적인 면이다. 또한 북방정책의 추진도 칭찬할 만하다. '황태자' 박철언에 의해 노태우 정부의 치적으로 기획된 북방정책은 중국, 소련과의 수교를 이루면서 반공을 절대시한 한반도 냉전시대에 균열을 가져왔다.

YS의 승리

거대여당 민자당에서 통일민주당의 지분은 고작 20%를 조금 넘는 수준이었다. 3당 합당을 하면서 노태우와 JP와 YS가 어떤 이면합의가 있었든 숫적으로는 YS가 민정계를 물리칠 수 없는 상황이었다. 게다가 제6공화국의 황태자라고 불리던 박철언은 공공연히 당대표인 YS를 압박하고 있었다. 내각제 합의 문서 파동이 일어나기도 했다. 나는 밖에서 지켜보며 YS가 토사구팽당하겠구나 라고 안타까워했다. 그 무렵 YS에게서 연락이 왔다. 1년만의 만남이었다.

— 자네가 좀 도와줘야되겠다. 내가 요즘 어려운 상황이다.

비장한 어투였다. 평소 YS는 절대 비관적으로 말하지 않는 분이었다. 항상 자신있게 말씀하시는 분인데 나를 불러놓고서는 평소와는 너무 다른 분위기로 이야기하는 것이다. 그만큼 상황이 좋지 못했다.

― 이번이 마지막 도전이다. 내가 또 더 하겠나. 이번 대선을 마지막으로 도전해 보고 안 되면 그만둘란다.
― 총재님 제가 지금 대학원 논문을 쓰고 있습니다. 유학 가서 공부를 계속할 준비를 하고 있어요.
― 유학은 대선 마치고 가고, 자네가 마지막 한 번만 나를 도와주라.

그 순간, '아, 이건 내 운명이구나'라는 생각이 들었다. 나는 학업을 멈추고 YS 곁으로 돌아가기로 결정했다. 주위에서 뜨악하며 난리가 났다. 모든 사람이 반대했다. 침몰하는 배에 올라타다니, 게다가 민자당이라니, 배신자라는 비난도 받았다.[G]

김영춘 주석 G: 이때부터 약 2년 간 과거에 만났던 운동권 인연들과의 관계가 거의 단절이 되고 말았다. 마음이 쓰렸다. 그러나 당시 나는 이것이 내 운명이라고 생각했고 그 운명을 받아들여야 했다. 김영삼의 정치는 여기서 끝나는구나, 내가 YS의 정치적 장례식을 치러드려야겠구나, 라는 생각뿐이었다. 그때 나는 일본 사무라이가 할복을 할 때 할복자가 고통을 느끼지 않도록 뒤에서 신속하게 목을 쳐주는 부하의 역할을 떠올렸다. 주위 사람들에게서 욕을 먹더라도 YS의 최후를 함께해야 하는 운명이었다. 다만, 내 자존심은 지켜야 했으므로 민자당에는 들어가지는 않고 외부 캠프에 머물렀다. 그 시절 서석재, 김혁규, 김무성 등과 함께 활동하면서 YS를 도왔다. 김현철이 큰 역할을 하기 시작하던 때였다.

그러나 내 예상과는 달리 역사는 다르게 흘렀다. 숫적으로 매우 불리한 상황과 용도폐기의 위험 속에서도 YS는 민자당의 대통령 후보가 되는 데 성공했다. 거기까지는 막전막후에서 YS와 상도동계 정치인들이 단결하여 정치생명을 걸고 배수진을 친 사즉생의 행동들이 있었다. YS가 말했다.

― 만약 실패한다면 내 정치인생 모든 것을 다 버리겠다. 기왕에 모든 것을 다 버리는 이상 야권으로 돌아가서 김대중의 손을 들어주겠다.

노태우 대통령은 그런 YS와의 기 싸움에서 이길 양반은 못 되었다. 전립선암으로 시한부 인생을 선고받은 YS의 최측근 김동영은 죽기 한 달 전에도 민정계 인사를 만나 폭음을 하면서 "너희가 YS를 팽시키면 우리는 그냥 안 죽는다. 우리는 각오가 되어 있고 다 같이 죽는 거다."라고 엄포를 놓았는데 정보기관의 수장으로서 김동영의 몸 상태를 알고 있던 상대방은 굉장한 전율을 느꼈다고 한다. 민정계 중진 김윤환 같은 사람들의 역할도 컸다. 앞으로 대한민국 사회에서 정치적 주도권을 갖기 위해서는 민정계만으로는 안 되고, 이 시기에는 민주화 투쟁을 했던 야당 출신의 김영삼 후보가 대통령이 되는 것이 역사의 순리라고 주장했던 김윤환이 민정계를 무장해제시키는 큰 역할을 했다. 결국 YS가 이종찬을 물리치고 민자당의 대통령 후보가 되었다.

1992년 12월 18일 시행된 제14대 대통령 선거에서 김영삼은 9,977,332표를 얻어 800만 표를 얻은 데 그친 김대중을 물리치고 당선된다. YS가 승리한 것이다. 이 대선에는 현대그룹의 정주영 회장이 통일국민당 후보로 출마하여 388만 표를 득표했다. 통일국민당은 대선 전에 치러졌던 제14대 국회의원 총선에서 31석을 획득하는 기염을 토했다. 그러나 대선 패배와 함께 국민당은 역사의 뒤안길로 사라졌다. 기존 평민당에 '꼬마민주당' 세력을 흡수한 명실상부한 야권후보였던 김대중은 대선 패배 후 정계은퇴를 선언했다. 그러나 몇 년 후 역사의 앞뜰로 화려하게 돌아온다.

하나회 척결

1986년 3월 21일 서울시 중구 회현동의 어느 한 요정에서 기묘한 사건이 발생했다. 육군 수뇌부 여덟 명과 여야 원내총무[10] 등 국회의원 열 명이 폭탄주를 마셨다. 집권여당 원내총무인 이세기가 육군 참모차장 정동호 장군(중장)에게 멱살이 잡혀 신민당 김동영 원내총무가 앉아 있는 자리까지 끌려갔다. 이에 민정당 국회 국방위 소속 국회의원인 남재희가 술잔을 던져 항의했다. 그러자 육군 인사참모부장 이대희 장군(소장)이 발차기로 남재희의 얼굴을 가격하여 피를 보았다. 이른바 '국방위 회식사건'이다. 이 자리에 참석한 육군 참모총장 박희도와 정동호, 구창회, 이대희는 모두 '하나회' 소속 군인들이었다.

---
[10] 국회 교섭단체를 대표하는 국회의원을 말한다. 지금은 '원내대표'라는 표현으로 바뀌었다.

군사반란으로 정권을 장악한 신군부는 곧 하나회였고 하나회가 신군부였다. 하나회는 전두환, 노태우, 정호용, 김복동 등 육사 11기생들이 주도해서 만든 육군 내 비밀 사조직이었다. 박정희 정권의 비호를 받으며 성장했다. 전두환 정권의 실체이자 상징이기도 했다. 조직에 신명을 바쳐 충성하고 명령에 복종할 것을 서약함으로써 가입과 함께 온갖 특혜를 누려온 가히 육군 조직폭력단이었다. 언제든지 군사 쿠데타를 일으킬 수 있는 요직을 하나회가 독점하는 것은 물론이었다. 1986년이면 민주화 운동의 열기가 거세지고 전두환 정권의 위세가 떨어진 때였다. 그럼에도 하나회 장성이 집권여당 원내대표와 국회의원을 폭행했던 것이다. 전두환 정권에서 하나회의 위세가 어느 정도였는지 능히 짐작할 수 있는 사건이었다.

1993년 2월 25일 김영삼이 대통령에 취임했다. '문민정부'가 시작되었다. YS는 그 자신이 어째서 집념을 갖고 대통령이 되려고 했는지 취임 한 달도 지나지 않아 증명해냈다. 하나회를 곧바로 숙청해 버린 것이다. 워낙 비밀스럽고 전격적으로 이루어진 일이어서 누구도 예상할 수 없었다. 하나회 장성들이 저항을 준비할 수 없는 속도였다. 1993년 3월 8일의 일이다. YS는 아침 일찍 권영해 국방장관을 불러 독대했다. YS가 말한다.

— 군인들은 그만둘 때 사표를 제출합니까?

이에 권영해가 답했다.

― 군대에서는 사표를 내지 않습니다. 명령 하나면 됩니다.
― 그래요? 그럼 됐구만. 내가 육참총장과 기무사령관을 오늘 바꾸겠습니다. 당장 예편하라고 하세요.

이렇게 대통령으로 취임한 지 2주도 안 돼서, 어떤 예고나 사전 논의도 없이, 대한민국에서 가장 강력한 무력을 점유하던 비밀 군사조직에 대한 숙군작업을 전격적으로 개시하리라고 누가 예상했겠는가. 당시 청와대 비서실장을 포함해서 사전에 그런 거사를 인지한 사람이 아무도 없었다. 그만큼 철통보안으로 비밀리에 준비했던 것이다. 비록 YS의 참모들 대부분이 미리 알지는 못했지만, 이 일이 대한민국 역사에서 갖는 상징적인 의미를 모두 잘 알고 있었기 때문에 소식을 접하자마자 우리는 크게 환호했다.[H] 저마다 역시 YS다, 라고 감탄했다. 1987년 대선 때 YS의 캐치프레이즈가 '군정종식'이었음을 상기하면 사실 급작스러운 일은 아니었다.

<small>김영춘 주석 H: 나는 문민정부의 출범부터 22개월 가량 청와대에서 행정관과 정무비서관으로 근무했다.</small>

육군 참모총장 김진영과 기무사령관 서완수는 하나회 소속 장성들이었다. 대통령의 이날 명령은 하나회 파멸의 시작이었다. 4월 2일 동빙고동 군인 아파트에 중령부터 중장까지 이르는 하나회

명단이 뿌려졌다.¹ 이날 YS는 안병호 수방사령관, 김형선 특전사령관을 경질했다. 8일에는 1, 3야전군사령관과 제2작전사령관이 교체되었다. 15일에는 군단장과 사단장급 인사까지 실행하여 하나회 출신 장군들을 축출했다. 1993년이 다 가기 전에 하나회 소속 장성들은 대부분 강제 전역되었고, 영관급 인사들에 대한 숙군 작업도 진행됐다. 십 년을 넘게 대한민국을 쥐락펴락했던 육군 하나회가 순식간에 몰락했다.

> 김영춘 주석 l: 이 하나회 명단에는 육사 20기에서 36기까지 142명의 장성과 영관장교가 포함되어 있었다. 비하나회 출신 육군 대령이 이 명단을 살포한 것으로 훗날 밝혀졌다.

YS는 이처럼 전격적으로 하나회를 축출해냄으로써 이제 우리나라가 군사반란을 걱정하지 않는 나라, 더이상 총칼로 국민들이 짓밟히지 않는 문민 시대의 나라로, 한국 민주주의의 초석을 놓았다.

1993년 긴급재정경제명령

하나회를 축출한 숙군작업에 성공하자 YS는 대한민국 역사에 길이 남을 또 하나의 작전을 실행한다. 이 또한 철저한 비밀 속에서 전격적으로 이루어졌다. 1993년 8월 12일 김영삼 대통령은 다음과 같은 담화문을 발표했다.

"저는 이 순간 엄숙한 마음으로 헌법 제76조 1항[11]의 규정에 의거하여, <금융실명거래 및 비밀보장에 관한 대통령 긴급재정경제명령>을 발표합니다. 아울러, 헌법 제47조 3항의 규정에 따라, 대통령의 긴급재정경제명령을 심의·승인하기 위한 임시국회 소

---

[11] "대통령은 내우·외환·천재·지변 또는 중대한 재정·경제상의 위기에 있어서 국가의 안전보장 또는 공공의 안녕질서를 유지하기 위하여 긴급한 조치가 필요하고 국회의 집회를 기다릴 여유가 없을 때에 한하여 최소한으로 필요한 재정·경제상의 처분을 하거나 이에 관하여 법률의 효력을 가지는 명령을 발할 수 있다."

집을 요청하고자 합니다. 금융실명제에 대한 우리 국민의 합의와 개혁에 대한 강렬한 열망에 비추어 국회의원 여러분이 압도적인 지지로 승인해 주실 것을 믿어 의심치 않습니다. 친애하는 국민 여러분, 드디어 우리는 금융실명제를 실시합니다. 이 시간 이후 모든 금융거래는 실명으로만 이루어집니다."

예고도 소문도 없이 금융실명제가 곧바로 실시된 것이다. 대통령의 긴급재정경제명령이 공포되기 전까지, 대한민국에서는 익명, 차명, 가명으로도 금융 거래를 할 수 있었다. 합법적으로 재산을 감출 수 있는 것이다. 이 때문에 지하경제가 활성화되었다. 지하경제는 검은 돈을 만들어냈다. 출처를 알 수 없는 돈이 권력형 부정부패로 이어졌다. 특권과 특혜가 남몰래 공존하는 사회였다. 익명, 차명, 가명으로 금융 거래를 할 수 있었으므로 누가 얼만큼의 재산을 갖고 있는지 국가가 제대로 파악할 수 없었다. 거대한 조세포탈 사회였다. 부자일수록 더 많은 검은 돈을 보유하고 있었다. 대표적인 후진 국가의 모습이었다.

금융실명제 도입에 관한 논의가 없었던 건 아니었다. 그러나 정상적인 입법절차로는 실현이 불가능했다. 일단 정치인들이 검은 돈의 수혜자였다. 강력한 로비와 반발이 예상되었다. 국회 입법과정을 거치면 그사이 힘있는 사람들이 먼저 재빠르게 법망을 피할 게 뻔했다. 그래서 007 작전을 방불케 하는 철통 보안이 필요했던 것이다. 이경식 경제부총리와 홍재형 재무부 장관 등 몇몇 사람의 준비를 거친 후 어느 날 갑자기 긴급재정경제명령을 공포한 것이다. 헌법이 정한 대통령의 권능이었다. 이것은 87년 헌법이 제정된 이후로 지금까지 처음이자 유일한 대통령의 긴급명령이기도 했다.

그날 이후로 전국의 모든 금융기관이 달라졌다. 금융거래를 하려는 사람들에게 주민등록증을 요구하기 시작했다. 혼란이 없지는 않았다. 사람들은 당황했고 불편해했다. 실명으로 전환하려는 사람들로 금융기관이 북적였다. 주가가 폭락했다. 사채시장이 얼어붙었다. 재산을 감춘 부유층 사람들에게는 더 큰 위협이었다. 차명계좌를 빌려줬던 명의자가 그 계좌에 들어있는 현금이 자기 돈이라고 주장하기도 했다. 그러나 경제적인 혼란은 일시적인 현상에 불과했다. 사람들은 곧 실명제 경제활동에 적응하기 시작했다.

전격적으로 시행된 금융실명제는 각종 범죄의 온상이 되는 지하경제와 금융자산소득의 흐름을 노출시킴으로써 탈세를 방지하고 조세수입의 증가를 가져왔다. 자금을 추적할 수 있으므로 정경유착 등 부정부패를 막는 실효적인 수단이었다. 비실명자금은 신고해야 했고, 부정한 목적의 비자금 조성이 어려워졌다. 실로 금융실명제는 국가적인 구조개혁이었다.

5.18 특별법과 전두환 등에 대한 재판

문민정부는 마침내 '군정종식'을 이루어 냈다. 12.12 군사 쿠데타를 일으키고 광주학살을 자행한 신군부 인사들에 대한 처벌 문제가 남았다. 공소시효가 다가오고 있었다. <5.18진상규명과 광주항쟁정신계승 국민회의>가 결성되었다. 1994년 5월 14일 정동년 상임의장 등이 전두환, 노태우 및 군사지휘관 35명을 내란 목적의 살인혐의로 검찰에 고소고발을 했다. 여러 건의 고소고발이 더해졌다. 성공한 쿠데타는 처벌할 수 없을까? 1995년 7월 18일, 서울지검 공안1부(장윤석 부장검사)는 신군부 관련인사 58명 전원에 대해 '공소권 없음' 처분을 내렸다. 불기소한 것이다. 검찰은 법원에 재판 자체를 청구하지 않았다. 내란이 미수의 단계를 넘어서 성공한 쿠데타가 되었다면 처벌할 수 없다는 이유였다. 또한 이러한 쿠데타는 고도의 정치성을 띤 통치행위여서 사법부가 이를 심판할 수 없다고도 했다. 5.18은 법의 판단이 아니라 역사의 판단에 맡기자는 것이었다. 검찰은 국력을 소모할 우려가 있다는 정치적 판단도 덧붙였다. 이런 결정은 거대한 반발을 불러일으켰다. 검찰의 불기소처분에 대한 헌법소원이 제출되었다. 야당인 새정치국민회의는 1995년 9월 22일 <5.18 민주화운동 등에 관한 특별법안>을 발의했다. 1979년 12월 12일과 1980년 5월 18일 전후하여 발생한 헌정질서파괴 범죄행위에 대해서는 공소시효를 정지하는 등의 규정이 포함된 법안이었다. 여당인 민자당은 헌법재판소의 위헌여부에 대한 판단이 내려질 때까지 검찰의 결정을 존중해야 한다는 입장이었다. 김윤환 민자당 대표는 소급입법임을 이유로 5.18 특별법 제정을 반대했다.

그런데 큰 뉴스가 하나 터져 나왔다. 그해 10월 19일 정기국회 본회의장에서 민주당 박계동 의원이 노태우 비자금 4,000억 원의 구체적 내역을 폭로했다. 후폭풍이 거셌다. 재벌들에게 비자금을 강요한 신군부의 부정비리 문제가 더해진 것이다. 11월 16일 전직 대통령 노태우가 수뢰혐의로 구속 수감되었다. 비자금 문제는 김영삼 대통령의 생각을 바꾸는 계기로 작용했다. 만약 박계동의 폭로가 없었다면 노태우 구속에 YS가 동의하지는 않았을 것이다. YS는 내친김에 더 나아갔다. 노태우 구속 열흘 후, YS는 5.18 특별법 제정을 지시한 것이다. 대통령의 지시가 떨어지니 검찰은 '12.12 및 5.18사건 특별수사본부'를 설치하고 수사를 재개했다. 검찰 소환이 임박하자 전두환은 12월 2일 이른바 연희동

'골목성명'을 발표하고 고향인 경남 합천으로 내려갔다. 이튿날 검찰은 사전구속영장을 발부받아 합천에서 전두환을 체포하여 안양 교도소에 수감했다. 이런 일련의 사태가 1995년의 정치 드라마였다.

5.18 특별법은 1995년 12월 21일 공포되었다. 1996년 1월 23일 검찰은 전두환, 노태우 등 신군부 인사를 5.18 사건의 내란죄와 반란죄 혐의로 기소했다. 1996년 8월 26일 1심 선고 공판에서 반란죄, 내란수괴죄로 전두환은 사형, 노태우는 징역 22년 6월이 각각 선고됐다. 같은 해 12월 16일 항소심 선고 공판에서 전두환은 무기, 노태우는 17년 형으로 감형됐다. 황영시, 허화평, 이학봉은 징역 8년, 정호용, 이희성, 주영복, 허삼수는 징역 7년, 최세창은 징역 6년, 차규헌은 징역 5년, 장세동, 신윤희, 박종규는 징역 3년 6월의 형이 대법원 판결로 확정되었다. 마침내 신군부의 주범과 공범들이 법의 심판을 받은 것이다.

문민정부의 명암

1993년 2월 25일 대통령에 취임한 김영삼 대통령은 청와대에 설치되어 있던 대형 금고를 보고 이런 게 왜 청와대에 있느냐며 바로 철거해버렸다. 이틀 뒤 첫 국무회의에서 대통령은 자신과 가족들의 재산을 전격 공개했다. 17억7,822만 원이었다. 대통령의 재산 공개는 엄청난 파장을 일으켰다. 한편으로는 고위 공직자의 재산을 공개하는 제도 도입을 알리는 신호탄 역할을 했다. 다른 한편으로 부정부패로 재산을 축적한 정치인과 공직자의 퇴출을 의미했다. 공직자 재산 문제로 지탄을 받은 전 국회의장 김재순 등 여당 의원 3명이 의원직을 사퇴했다. 이때 신군부의 상징적인 인물이었던 유학성도 국회의원직을 사퇴했다. 김덕주 대법원장, 박종철 검찰총장도 물러났다. 국회의원, 장차관, 대법관, 검사장 등 1,167명의 재산 내역이 드러났다. 공개된 고위공직자 재산

총액은 무려 1조 6천억 원에 이르렀다. 공직자의 재산 공개 및 등록은 그해 5월 20일 법제화되었다.

1995년 6월 27일 제1회 전국 동시지방선거가 치러졌다. 처음으로 지방자치단체장을 선출했다. 원래 YS는 지방선거에 적극적이지 않았다. 그러나 DJ가 평민당 총재였고, YS가 민자당 대표였던 1990년 10월의 일이었다. DJ가 지방자치제 전면실시를 내세우며 13일간의 단식투쟁을 벌인 것이다. 그러자 "야당 총재가 저리 요구하는 데 안할 수가 없다."면서 YS가 DJ에게 약속했다. 31년만에 부활한 1991년 지방선거에서는 광역의원만 뽑았다. 자치단체장까지 선출하는 최초의 지방선거는 YS의 집권 3년차에 실시된 것이다. 여당인 민주자유당이 패배했고, 민주당이 선전했으며, JP의 자유민주연합이 돌풍을 일으켰다. JP는 여당에서 탈당한 민정계를 규합했다. 그리고 이 지방선거 후에 DJ가 정계에 복귀했다. 조순 씨가 서울시 민선 1기 시장이 되었다. 이인제는 경기도지사가 되었다. 무소속 김두관은 남해군수로 뽑혔다. 당시 경남지사에는 김혁규가 당선되었다. 노무현은 부산시장에 도전했으나 낙선했다. 상도동계 문정수가 민선 1기 부산시장으로 당선되었다.

문민정부는 초기 2년 동안 크게 성공했다. 국민들의 지지가 하늘을 찔렀다. 그러나 문민정부의 지나친 성공은 YS뿐 아니라 대한민국에도 큰 좌절과 아픔을 불러왔다. '이카루스 역설'이라고 해야 할까.

— 성공이 자만을 낳았다.

브레이크가 걸리지 않는 질주가 일어났다. 지금도 그때 생각만 하면 안타깝기 그지없다. 국내에서 크게 성공하자 '세계화'라는 담론이 등장했다. 당시 신자유주의 물결이 전 세계적으로 유행하던 상황이었다. 신자유주의가 무엇인지, 앞으로 세계는 어떻게 가야 하는지 제대로 분석하고 통찰하는 사람이 국내에 거의 없던 시절이기도 했다. 그저 '대한민국의 세계화'를 부르짖는 일이 잦아졌다. 그때 미국을 비롯한 서방국가들이 우리나라 정부에 자본시장 개방을 요구했다.

해야 되는 세계화는 해야 한다. 가야 하는 길은 가야 한다. 그러나 우리가 그럴 만한 실력이 있는가. 방향이 옳더라도 속도의 문제가 남는다. 과속을 하면 사고가 난다. 1996년 12월 경제협력개발기구(OECD)에 가입했다. 마치 우리나라가 선진국에 진입하는 것 같은 착시현상을 낳았다. 그러나 OECD 전면 가입은 OECD의 경제 제도를 받아들여야 함을 뜻했다. 각종 정부규제를 철폐하거나 완화해야 했고, 무엇보다 자본시장을 개방해야 했다. 그 결과 자본시장에 대한 정부의 통제력이 약화되었다. 당시 나는 우리가 OECD 가입을 할 만한 실력이 있는지 의문이었다. 자본시장 개방에 따른 충격을 견뎌낼 내성이 과연 있을까. 전면 개방이 아닌 제한적 개방이라는 방법도 있었고, OECD가 전면 개방을 강력히 요구한 것도 아니었는데 정부는 전면 개방을 선택하고 말았다. 자본시장 개방으로 말미암아 역시나 정부의 통제력이 약화되었다. 외부의 작용에 매우 취약해지고 말았다. 이것이 1997년 외환위기의 한 배경이 되었다. 물론 우리 재벌경제의 거품이 가장 직접적인 원인이었다. 그런 가운데 자본시장 전면 개방은 당시 우리 실력으로는 무모한 도전이었다. 과속이었다.

OECD 가입을 하고 얼마 지나지 않아 문민정부는 또 다른 문제를 일으켰다. 1996년 12월 26일 집권여당인 신한국당은 노동법 개정안을 남모르는 새벽에 통과시킨 것이다. 정리해고가 입법화되었으며, 파업중 대체근로제와 무노동 무임금 규정이 포함되었다. 상당한 숙의와 사회적 대타협을 필요로 하는 일이었음에도 그런 과정을 거치지 않고 사측의 구조조정을 뒷받침하는 법안이 일방적으로 만들어진 것이다. 이른바 '노동법 날치기'로 말미암아 전국적인 파업이 이어졌다. 문민정부는 노동세력, 시민사회, 개혁세력과 전면적으로 척을 지고 말았다. 김영삼 대통령은 집권초기 그 높은 인기에도 불구하고 급격한 레임덕에 빠지고 말았다.

신한국당

집권여당의 다수파는 여전히 민주정의당 출신인 민정계였다. 그럼에도 YS는 아랑곳하지 않고 개혁을 밀고 나갔다.

YS는 그릇을 바꾸고 새로운 친정 체제를 구축하려고 했다. 집권여당의 당명을 민주자유당에서 <신한국당>으로 변경했다. 1995년 12월 6일의 일이다. 제14대 대통령 선거 당시 YS의 대선 슬로건이 "신한국 창조"였다. 시대에 뒤떨어진 인물을 정리하고 새로운 개혁 인사를 영입하기 위해 공들였다. 당시 YS는 진영논리에서 벗어나 더 큰 그릇을 생각했다. 진보정당이었던 민중당의 이우재, 이재오, 김문수를 영입했다. 보수 집권여당이 진보성향의 노동운동가를 영입한 것으로, 지금 관점에서도 매우 놀라운 영입이었다. 나는 당시 청와대에서 인재 영입에 관여하고 있었다.

이재오 씨가 먼저 내게 연락했다. 그는 YS 개혁에 대한 적극 동참 의사를 표명했는데, 이것이 진보 인사 영입의 시발점이었다.

> 김영춘 주석 J: 노동운동가 출신의 김문수는 정치에 입문한 후 누구보다 더 빠르게 보수화되었다. 2002년 무렵이었을 것이다. 당시 나는 이회창의 한나라당이 TK 민정계에 의해 '도로 민정당'이 돼 버렸으므로 김문수에게 함께 개혁운동을 하자고 제안했다. 그러나 '여기의 논리, 이곳의 주류가 원하는 정치를 하고 싶다. 왜 또 비주류를 해야 하는가?'라는 답이 돌아왔다. 그의 변화를 보면서 주류를 좇는 정치의 허망함을 생각한다.

YS는 더 많은 인물을 신한국당에 영입하고자 했다. 자원이 잘 안 보이기 시작했을 무렵이었다. "영춘아, 니가 나가라." 그때까지 당적을 두지 않고 청와대 비서관으로 활동했던 나도 이때 정치인이 되기로 결심했다. 물론 나는 YS의 비서로 오랫동안 정치에 몸담고 있기는 했다. 하지만 그때까지 정치인은 내게 안 맞는 옷이라고 여기면서 스스로 정치인은 아니라고 생각했던 것인데, 내 운명을 받아들이기로 했다. 신한국당에 입당했다. 1996년 4월 11일 시행된 제15대 국회의원 총선에 출마하기 위함이었다. 기왕에 정치인이 되는 것이므로 내 고향 부산에서 출마하겠다고 말했다. 그러나 상도동 선배 정치인들이 대통령의 뜻을 거론하며 반대했다.

— 부산은 안 된다. 대통령의 말씀이시다. 김광일하고 김영춘은 서울에서도 경쟁력이 있으므로 서울 지역구에서 출마해야 한다.

내 뜻과 다르게 부산은 무산되었다. 그러면 서울에서 야당의 거물들과 겨루겠다고 말했다. 그러자 돌아오는 답이 이것이었다.

― 정치는 현실이다.

당에서는 내 지역구로 서울 '성동병'에서 분리된 선거구인 '광진갑'을 추천했다. 그곳이라면 할 만하다는 것이 당의 판단이었다. 그러나 문제가 생겼다. 문민정부에서 문화체육부차관을 하고 있던 김도현 씨가 그곳 출마를 준비하고 있었던 것이다. 당시 문정수 사무총장과 강삼재 기조실장이 그 문제는 걱정하지 말라고, 당에서 다 정리해주겠다고 큰소리를 치셨으나 일이 잘 안 되었다. 김도현은 당의 '광진을' 출마 권유를 거부하고 무소속으로 광진갑에 출마한 것이다. 신한국당 후보가 두 명이 되었다. 돈을 써서 상황을 돌파하자는 당원들도 있었다. 금권선거가 횡행하던 시절이었다. 김영춘의 정치에서는 그런 것은 있을 수 없다고 잘라 말했다. 나는 약 천 표 차이로 낙선하고 말았다. 그것 보라며 돈을 썼어야 했다는 비판을 감수했다. 새정치국민회의의 김상우 씨가 당선되었다. 김도현 씨는 4등에 그쳤으나 만 표를 넘게 득표했다. 당시 내 나이 만 34살의 일이었다.

한편 15대 총선에 앞서 DJ가 정계에 복귀, <새정치국민회의>를 창당했다. 새정치국민회의는 79석을 획득하여 139석을 얻은 신한국당에 이어 원내 제2정당이 되었다. JP의 자유민주연합은 대구 경북 지역에서 선전하면서 50석을 얻었다. 이때 신한국당의 전국구 1번이 이회창이었다. 대법관, 감사원장에 이어 문민정부 제2대 국무총리를 역임한 이회창은 대쪽 총리 이미지로 국민들로부터 인기가 좋았다. 이회창은 책임 총리로서의 역할을 내세우며 대통령의 권한에 도전하다가 4개월 만에 YS에 의해 경질당한 인물이었다. 그러나 YS는 15대 총선을 앞두고 그를 다시 신한국당에 영입했다. 당시 신한국당과 YS의 포용력을 보여주는 인재 영입이었다. 그러나 그것이 YS 본인과 신한국당의 미래에 부정적인 결과를 초래했다. 몇 년 후 민정계를 위시한 속류 보수파가 당권을 장악한다.

이회창은 정치인이기보다는 법률가가 어울리는 사람이었다. 그는 집권 후반 대통령에게 레임덕이 생기자 신한국당의 당권을 장악했다. 그때가 1997년의 일이었다. 그리고 여당의 대선 후보와 총재가 된 후 당에서 YS를 모욕적으로 추방했다. 그다음 <한나라당>[12]을 창당했다. 제15대 대통령 선거에서 DJ와 겨뤘으나 낙선했다. 김대중은 1,032만 표를 득표하여 39만 표 차이로 이회창을 이겼다. DJ의 대통령 당선에는 당시 3등을 한 이인제의 역할이 컸다. 거의 500만 표를 득표했다. 이인제가 출마하지 않았다면 DJ의 당선이 가능했을까? 이회창은 신한국당 경선에서 자신에게 패배한 이인제를 품을 생각이 없었다.

---

12 1997년 11월부터 2012년 2월까지 존재했던 보수정당이며, 새누리당의 전신이다. 제15대 대선 직전 여당이었던 신한국당과 DJ 정계 복귀에 반대한 민주당계 야당이었던 통합민주당이 합당하여 창당했다. 통합민주당의 대선 후보였던 조순 씨가 당명을 정했다고 한다. 통합민주당 소속이었던 이부영, 권오을, 이주영, 장광근, 이철, 제정구 등이 한나라당 창당에 참여했다.

— 이인제 뒤에는 YS가 있었다.

어느 날 청와대에서 내게 연락이 왔다. YS의 뜻이라고 이인제를 지원하라는 메시지였다. 명분이 없어서 응할 수 없다고 답했다. YS는 마지막까지 고단수였다. 그는 이회창보다는 DJ가 대통령이 되는 것이 역사의 흐름과 시대적 요청에 맞는다고 생각했던 것이다.

YS와 DJ

양김은 한국 민주주의 역사에서 가장 중요한 두 인물이었다. 두 사람 모두 평생에 걸쳐 독재와 싸우면서 이 나라 민주화에 헌신했다. YS와 DJ에게는 남다른 권력의지가 있었다. 그것이 다른 사람이 따라올 수 없는 자기들만의 입지를 만든 원동력이었다. 그 권력의지를 좇아 사람들이 모였다. YS를 중심으로 모인 사람을 상도동계라고 불렀고, DJ의 지도력 아래에서 뭉친 사람들을 동교동계라고 칭했다. 이들은 민주화를 위해 서로 협력하면서도 운명적으로 대립할 수밖에 없는 특수한 관계였다. 민주화 동지이자 평생 라이벌이었다. 양김의 대립과 갈등으로 말미암아 수많은 사람의 마음속에 멍이 들고 한이 맺히기도 했다.

그러나 민주화에 대한 신념과 강력한 권력의지를 제외한다면 두 사람은 완전 딴판인 인물이기도 했다. YS를 어떻게 보느냐고 DJ에게 물으면 DJ는 이렇게 대답했다고 한다.

— 김영삼 씨는 대단히 어려운 일을 아주 쉽게 생각합니다.

이번에 같은 질문을 YS에게 물으면 이런 답이 돌아온다고 했다.

— 김대중 씨는 아주 쉬운 문제를 대단히 어렵게 생각합니다.

YS와 DJ는 모두 카리스마가 대단했지만 DJ가 논리적인 카리스마라면 YS는 인간적인 카리스마였다. YS는 직관적이며 감성적인 사람이었다. 투쟁력 하나만큼은 타의 추종을 불허했다. 돌격 앞으로만 일관했다면 삼국지의 장비 같은 인물일지도 모른다. 그러나 다른 사람에게는 드문 경청의 힘이 YS에게 있었다. 싸우기로 결단을 내리기 전까지는 타인의 이야기를 듣는다. 그냥 듣는 정도가 아니라 아주 잘 듣는다. 그래서 YS와 대화를 하는 사람들은 자기가 YS를 좀 가르쳐줬다는 기분이 들게 만든다. DJ가 보기로 좀 엉성한 사람이었을 것이다. 그러나 그것이 YS의 매력이었다.

DJ는 논리적으로 심사숙고를 하는 지도자였다. 먼저 목표를 제시하고 사람들이 따르도록 한다. 의문이 있는 사람들은 설득한다. 말 그대로 '선생님'의 풍모를 지녔다. 그런 카리스마에 사람들은 매료된다. 그래서 선생님을 모시는 동교동계 사람들은 일사불

란하게 행동한다. 상도동계 사람들은 그렇지 않다. 논리적이고 치밀한 사람은 잘 못 견뎠다. 지도자인 YS를 닮아 먼저 정으로 뭉쳤다. 대체로 감성적이며 자유주의적인 문화에서 정치를 했다.

YS와 DJ는 모두 그들의 권력의지와 영도력에 걸맞게 결국 대통령이 되었다. 두 사람 모두 자기 세력을 만들면서도 언제든 경계를 넘어 인재를 모으고 사회통합을 도모하는 데 게을리 하지 않았다. YS가 먼저 대한민국의 제14대 대통령이 되었다. 그가 군벌을 척결하고 부정부패의 고리를 끊음으로써 제15대 대통령이 된 DJ가 안정적으로 국정을 운영할 초석을 닦았다. 세월이 흘러 돌이켜 보면 자연스러운 순서였다. 2009년 여름 DJ가 먼저 영원한 평화를 얻었고 2015년 가을 YS가 영원한 안식을 취했다. 대한민국을 이끈 두 거목의 명복을 빈다.

제3장

좋은 정부, 나쁜 나라
1997~2007

경쟁과 효율 지상주의를 신봉하던 신자유주의 대유행은 가뜩이나 부족한 우리나라의 사회 통합을 더 위협했다. 효율적인 기업은 인력 감축과 아웃소싱을 동반한 구조조정을 서슴지 않는다. 기업 경쟁력이라는 신성불가침의 신화는 기업 내에서든 기업 간에서든 노동자들의 불평등을 정당화시켰다. 한 공장의 동일 작업라인에서 비정규직이 정규직보다 일은 더 많이 하면서도 임금은 절반 밖에 받지 못하는 일들이 발생했다. 고용 유연성이라는 미명으로 노동자를 저임금에 묶어둘 수 있는 시스템을 급속히 확대한 대가로 대규모 비정규직 노동자의 고통이 생겼다. 대기업은 원가절감을 중소기업에 전가하여 효율 경영의 찬사를 받고 그 대신 중소기업이 그 고통을 짊어졌다. 마찬가지로 국가 경쟁력이라는 슬로건 아래에서 국민의 고통이 통계 지표에 의해 가려졌다. 역설적이게도 김영삼, 김대중, 노무현 세 대통령 집권 시기에 그 이전보다 좋은 정부를 만들었음에도 나라는 나쁜 방향으로 가고 있었다. 고통을 겪는 건 우리네 민초들 뿐이다. 고통을 듣고 치유하는 것이 정치의 역할이었음에도.

정치란 무엇인가
1997년 외환위기
국민의 정부
남북정상회담
이회창 총재
노무현의 도전
21세기 한국의 보수파
나는 어째서 한나라당을 탈당했는가
한국의 진보파
열린우리당 창당과 제17대 총선
국가균형발전을 향한 커다란 흐름
신자유주의 대유행과 민초들의 삶
2006년 열린우리당 전당대회와 서울시장 선거
참여정부의 명암
사보타주
108번뇌, 우리는 왜 실패했는가

정치란 무엇인가

혁명만이 국민을 행복하게 하리라고 생각하던 시절이 있었다. 그러나 나는 곧 '혁명의 역설'을 깨달았다. 국민을 행복하게 하려던 혁명이 오히려 국민을 불행하게 만든다는 역설이었다. 인간의 선의가 반드시 좋은 결과를 만들어내는 것은 아니구나, 혁명이라는 것도 선의에서 시작하지만 그 결과가 국민을 행복하게 만들지는 못하겠구나, 라는 자각이기도 했다. 처음에는 노동현장에서 얻은 판단이었다. 그리고 나중에 대학원에서 소련과 몰락한 사회주의를 연구하면서 확신했다.

― 그렇다면 내가 어떻게 이 세상에 이바지하면서 살 것인가.

그때 나는 혁명은 안 되겠지만 나라를 바로 세우는 개혁은 할 수 있지 않겠나 하고 생각했다. 그 생각이 나로 하여금 YS와 함께했던 직선제 개헌운동으로 이끌었다. 하지만 그때까지 내가 정치를 한다고는 생각하지 않았다. 정치에 대한 거부감도 있었다. 그래서 87년 대선이 끝난 후 이듬해 봄에 학교로 돌아갔던 것이다. 하지만 민주자유당 안에서 20%의 지분으로 절체절명으로 싸우던 YS가 내게 도움을 요청했다. 정치는 싫었다. 그러나 나는 한때 YS의 총애를 받던 상도동 비서로서 개인적인 책임감을 느꼈다. YS의 '정치적 장례'를 잘 치러드려야겠다는 마음으로 YS 곁으로 되돌아갔다. YS는 살아 남았고 대통령이 되었다. 대통령 김영삼의 개혁적인 국정운영에도 함께하면서 정치에 대한 거부감이 상당히 희석되었다. 결국 정치를 하게 된 것이다. 하지만 그때까지 내가 '정치인'이라고는 생각하지 않았다. 당적도 없었다.

정치인으로서의 정치는 나와 잘 안 맞는 옷이라고 생각했다. 사교적이고 외향적이어야 하며, 말도 많아야 하고, 뻥도 잘 쳐야 하며, 팬덤도 만들면서 인기몰이를 잘해야 하는데, 나는 기질적으로 그런 것과 거리가 먼 놈이었다. "영춘아, 유학 안 가면 안 되겠나?" YS가 내게 말씀하셨다. 그때 가겠다고 답했으면 대통령께서 적극적으로 내 유학을 후원해 주셨을 것이다. 문민정부는 YS의 지도력과 패기에 의해 유지되었지만 실상은 허약한 정권이었다. 곁에서 대통령을 도와야 한다고 생각했다. 막내 비서 주제에 너무 거창한 생각이었는지 몰라도, 당시 내가 아니면 안 될 것 같았다. 내게 주어진 사명감을 저버릴 수 없었다. 결국 정치인이 되었다. 신한국당에 입당하여 1996년부터 본격적인 정치인의 인생을 시작했다.

출세정치는 하지 말자, 부패한 정치인의 모습이어서는 안 된다, 계파정치여서도 안 된다, 계파에 속해서 안온하지 말고 사심없이 공적인 가치에 헌신하자, 그렇게 다짐하면서 지금껏 왔다. 국가와 국민을 위해 헌신하고 봉사하는 정치인을 꿈꿨다. 선진, 통일, 강국이라는 정치적 목표를 세웠다. 그러나 내가 만난 여러 정치인들은 내게 '정치는 현실이다'라고 말했다. 나는 정치공학적인 현실이 아닌, 국민들의 현실, 국민들이 원하는 현실을 얘기하고 싶었다.

정치란 무엇인가. 사람들은 온통 욕심투성이다. 사람들의 욕심과 욕망은 서로 충돌하게 마련이므로 적절히 중재하고 타협해서 그 결과를 제도화하는 것이 정치다. 그러면서 사회통합을 이루어내는 것도 정치다. 또한 정치는 민주주의를 수호해야 한다. 정치적인 민주주의만이 아닌 경제 민주주의를 추구해야 한다. 더 많은 사람이 사는 데 걱정이 없도록 해야 한다. 최소한의 인간다운 삶을 보장하기 위해 애쓰면서 불평등의 심화와 확대를 막아내는 것이 정치가 할 일이다. 그러나 한국의 정치인들은 서로를 공격하고 모욕하면서 사회통합의 지혜를 저버리고 '풀 스윙'의 정치를 했다. 마침내 민주주의를 이뤄냈고 좋은 정부를 이어가고는 있지만 역설적으로 우리는 고용불안을 야기하고 양극화를 심화시키면서 희망이 아니라 불안이 일상화된 사회를 만드는 정치를 했던 것이다.

— 내 마음이 다 고통스러웠다.

1997년 외환위기

1986년 나는 캐비닛 공장에 견습공으로 취업해서 일했다. 당시 내 급여는 점심값 떼고 9만 4천 원에 불과했다. 경력 10년 이상의 고참들이 받는 월급도 고작 16만 원 정도에 지나지 않았다. 그런 돈으로 노동자들은 용케도 생활을 꾸려나갔다. 총각들은 시골 부모님에게 돈도 부쳐드리고 가장들은 식구를 부양하며 살았다. 월급날이 되면 시장 목로주점에서 2천 원짜리 돼지곱창전골이나 닭곱창전골을 안주 삼아 소주를 마시며 회식을 했다. 1989년 대학원에서 공부하던 무렵 어느 날, 다시 공장 사람들을 반갑게 만나서 회식을 하는데, 무려 삼겹살을 먹었다. 그사이 월급이 45만 원으로 올랐다고 기뻐했다. 나는 이때, '아, 이것이 민주화 효과구나'라고 생각했다. 민주화는 단지 정치 제도만을 좋게 만드는 것이 아니라 민초들의 삶을 개선해주는 것이었다. 노동자들의 가처

분 소득이 늘고 내수경제가 그만큼 확대되었다. 당시 '3저 호황'까지 더해졌다. 저유가, 저금리, 저달러 시절이었다. 90년대 전반기까지 이어졌다. 민초들의 삶은 대체로 고통스럽지 않았다. 낙관적이었다.

그런데 내가 정치인이 된 다음에 급브레이크가 생겼다. 외환위기가 찾아온 것이다. 그 시절 국민들에게도 고통이었고 — 지금도 그 고통이 구조적으로 지속되고 있지만 — 정치인 김영춘에게도 극심한 고통이었다. 이렇게 정치를 하면 안 되는 게 아닌가.

당시 재벌들의 탐욕은 통제 수준을 넘어섰다. 단기 채무로 외화를 차입하여 위험한 돈놀이를 했다. 대기업들이 돈 놓고 돈 먹기 게임을 하던 시절이었다. 평균 부채비율이 500%를 넘었다. 덩치만 컸지 빚덩어리였다. 수십 개의 종금사들은 일본 등지에서 단기 차관으로 외화를 빌린 다음 그 돈으로 동남아 국가에 장기 차관의 형태로 자금을 운영했다. 그런데 동남아 경제 위기가 발생하는 상황에서 미국이 금리를 인상했다. 그리고 한국 기업에 대한 부채를 회수하기 시작했다. 1997년 1월 '한보사태'로 나라를 흔들어 댔던 한보그룹이 무너졌다. 3월에는 삼미그룹이 부도가 났다. 4월에는 진로그룹이, 5월에는 삼립식품과 한신공영이 부도 났다. 그해 여름 태국 바트 화와 인도네시아 루피아 화가 폭락했다. 10월에는 쌍방울그룹이 부도가 났고 기아자동차가 법정관리를 신청했다. 11월 1일 해태그룹이 무너졌다. 며칠 후 뉴코아그룹이 쓰러졌다. 재벌그룹의 연쇄부도로 금융기업들은 막대한 부실채권을 떠안게 됐다. 총체적으로 위기에 빠지자 한국 경제는 국제투기자본의 먹잇감으로 전락했다. 1996년 1달러당 844.2원이었던 원화의 가치는 대폭락을 거듭한 끝에 한때 1달러당 2,000원을 돌파했다. 정부는 환율을 방어하기 위해 애썼으나 외환보유고가 바닥을 보였다. 결국 11월 22일 김영삼 대통령이 IMF에 구제금융을 신청하는 대국민 특별 담화문을 발표했다. 그 이후에도 많은 기업이 줄줄이 도산했다.

국가부도 직전까지 갔던 1997년 외환위기의 원인에 대해 사람들은 저마다 여러 이야기를 한다. 무엇보다 대기업들이 외형 위주의 방만한 차입 경영을 한 폐해가 컸다. 그리고 1997년 외환위기를 초래한 계기적 책임은 문민정부의 중대한 실책에서 비롯되었다. 준비되지 않은 '세계화'를 조급하게 시도함으로써 자본시장 개방이라는 민감한 외부요인을 지혜롭게 처리하지 못한 결과였다. 1997년 외환위기와 IMF 관리체제를 겪으면서 한국경제는 자기 주도성을 상실하고 말았다. 해외자본의 논리와 이익의 볼모가 돼 버렸다. 양극화가 극심해지기 시작했다. 비정규직이 만들어지고 확산되면서 고용불안을 야기했다. 이로 말미암아 내수경제의 기반이 붕괴되었다. 외환위기 이전 50%대 수준까지 떨어졌던 우리나라의 무역의존도가 점점 커지더니 90%까지 상승하기도 했다. 무역도 확대되었지만 내수 기반이 붕괴된 탓이 컸다.

국민의 정부

1995년 7월 18일 DJ는 정계 복귀를 선언하면서 동교동계와 87년 당시 자신을 비판적으로 지지했던 재야 인사를 규합하여 <새정치국민회의>를 창당했다. 당시 이기택이 이끌던 민주당은 대거 탈당이 일어나면서 소수당으로 전락하고 말았다. 그리고 제15대 국회의원 총선거에서 민주당은 통합민주당으로 간판을 바꿨음에도 15석을 획득하는 데 그치며 제4당으로 추락했다. 이때 노무현은 민주당 후보로 종로구에 도전했으나 신한국당의 이명박 후보에게 패배하여 낙선했다. 얼마 후 통합민주당은 신한국당과 합당하여 한나라당에 흡수되었다. 이에 반발한 김원기, 김정길, 노무현은 새정치국민회의에 합류했다.

새정치국민회의는 15대 총선에서 기대치에 미치지 못하는 결과를 얻었다. 목표 의석을 얻지 못하자 DJ의 은퇴 번복과 정계 복귀를 두고 사람들은 '대통령병'이라고 비판했다. 이때 DJ가 마지막 승부수를 띄운다. 당시 JP는 YS와 대립한 후 민자당에서 나와 <자유민주연합>을 창당했다. 자민련은 3당 합당 시 공화당계 의원들과 박태준, 박준규, 김복동, 박철언, 박준병 등의 민정계 사람들과 함께 원조 보수를 이념으로 의원내각제를 내세웠다. 그리고 제15대 총선에서 충청, 대구경북, 강원에서 녹색 바람을 일으키며 50석을 얻었다. 대선을 앞두고 DJ가 JP에게 손을 내밀었다. 이른바 'DJP 연합의 탄생'이었다. JP는 내각제 개헌을 조건으로 DJ를 대통령 후보로 지지했다. DJP 연합으로 제15대 대선에서 한나라당의 이회창 후보를 물리칠 수 있었다. DJ가 40만 표 차로 당선되었으므로 JP와의 연합이 없었다면 DJ의 집권은 불가능했을 것이다.

이 지역연합에 기초한 DJP 공동정부의 탄생은 대선 이후의 혼란 수습에도 정치적으로 큰 도움이 되었다. DJ가 이 위기를 잘 대처할 수 있을지에 대한 보수층의 의구심이 없지는 않았다. 그러나 보수파 JP가 총리로 있으므로 국론분열을 막을 수 있었고, 경제 부분에 관해서는 포항제철의 회장을 역임한 박태준에 대한 국민 일각의 신뢰가 있었다. 이것이 보완작용이 되었던 것이다.

김대중 대통령은 외환위기와 IMF 구제금융이라는 국란 속에서 임기를 시작했다. 국민의 정부 출발 자체가 외환위기를 극복하기 위한 구원 투수 역할이었다. DJ는 그 역할에 부응하기 위해 노력했으며 잘해냈다. 그리고 2001년 8월 23일 대한민국은 IMF 관리체제에서 벗어나는 데 성공했다. 이것이야말로 DJ 정부의 가장 큰 공로였다.

한편 국민의 정부는 IT 분야의 신생기업에 과감한 투자를 했다. 밑 빠진 독에 물 붓기라는 비판도 있었다. 그러나 시간이 지나 돌이켜 보면 이때 일어난 '벤처 붐'이야말로 우리 산업의 단비 같은 역할을 했다. 네이버, 다음 등의 포털 서비스를 제공하는 신생 기업이 탄생했다. 엔씨소프트, 넥슨, 네오위즈 등의 게임회사가 성장할 수 있는 토양이 조성됐다. 물론 많은 신생기업이 시행착오를 거치며 명멸하기도 했다. 하지만 외환위기를 극복하는 과정에서 보여준 과감한 투자와 벤처 붐이 있었기 때문에 우리 경제가 더 빠르게 정상화될 수 있었다.

— 위기가 새로운 기회를 만든다.

나는 국민의 정부가 당시 보여준 과감한 투자를 높게 평가한다. 그 시절의 노력을 타산지석으로 삼아 더 적극적으로 스타트업을 육성하고 더 과감하게 혁신기업에 투자해야 한다. 그것이 기존 대기업과 중소기업들도 기술적으로 발전하게 만드는 자양분이 된다.

남북정상회담

— 대한민국은 통일을 지향하며, 자유민주적 기본질서에 입각한 평화적 통일 정책을 수립하고 이를 추진한다.

헌법 제4조의 규정이다. 그리고 헌법 제66조 제3항은 "대통령은 조국의 평화적 통일을 위한 성실한 의무를 진다."고 규정한다. 대통령은 헌법의 수호자이므로 정부와 대통령이 통일을 위해 노력하는 것은 당연지사다. 1991년 12월 13일 서울에서 <제5차 남북고위급회담>이 열렸다. 이때 <남북기본합의서>가 채택되었다. 남북 화해, 남북 불가침, 그리고 남북 교류와 협력에 관한 기본 합의였다. 노태우 정부 시절의 일이다. 곧이어 12월 31일 한반도의 비핵화와 핵전쟁 위험을 제거하자는 <비핵화공동선언>이 이어졌다. 김영삼 정부도 통일을 위한 헌법의 의무를 이행하고자 했다. 취임한 지 얼마 지나지 않아 비전향 장기수 이인모 씨를 북한으로 송환했다. 그러나 1993년 3월 12일 북한은 핵확산금지조약(NPT)을 탈퇴하겠다고 전격 선언했다. 3월 19일 판문점에서 열린 남북회담과정에서 '서울 불바다' 발언이 나왔다. 이듬해 6월에는 북한이 국제원자력기구(IAEA) 탈퇴를 선언했다. 이때를 일컬어 1차 북핵위기[13]라고 한다. 미국 클린턴 대통령 시절이었다. 1994년 5월 미국 항공모함 전단이 전개된 상황에서 지미 카터 전 미국 대통령이 평양을 방문해 김일성을 만났다. 북한과 미국의 제네바 합의에 의해 1차 북핵 위기가 마무리되었다.

대통령에 당선된 DJ는 '햇볕정책'을 천명했다. 국민의 정부는 일관되게 그 대북정책을 실행했다. 남북 사이에 훈풍이 불었다. 드디어 2000년 6월 13일 김대중 대통령이 평양국제비행장을 통해 평양을 방문하여 김정일 위원장과 회담을 했다. 역사적인 날이었다. 그리고 양국 정상은 평화통일을 바라는 마음을 담아 6.15 남북공동선언을 발표했다.[K] 그해 DJ는 노벨평화상을 수상했다.

> 김영춘 주석 K: 1994년 김영삼 정부 시절의 일이다. 김영삼 대통령과 김일성 주석과의 정상회담은 날짜까지 다 정해진 상황이었다. 7월 25일 평양이었다. 당시 대통령 경호를 맡은 박상범 경호실장은 대통령을 어떻게 경호해야 할지 밤마다 악몽을 꾼다며 고통을 호소하곤 했다. 그러나 정상회담 일주일을 앞두고 김일성 주석이 갑작스럽게 사망했다. 만약 두 정상이 만났다면 그들의 스타일 상 선언

---

[13] 2차 북핵 위기는 2002년 10월에 발생했다. 북한이 제네바합의를 어기고 핵탄두를 개발했다. 이 문제를 해결하기 위해 6자 회담(한반도 주변의 한국, 북한, 미국, 중국, 일본, 러시아가 참여하는 6개국 회담이다)이 개최되었다. 그러나 북한은 2006년 10월 9일 1차 핵실험을 단행했다.

적인 합의가 아니라 아주 화끈하고 대단한 합의가 이루어졌을 것이고, 북한도 지금과는 완전히 다른 길로 갔을 것이다. YS는 매우 아쉬워했다.

햇볕정책의 성과는 경제교류로 이어졌다. 현대그룹과 정주영 회장이 중심에 있었다. 2000년 개성공단이 착공되었다. 2005년에 업체들이 입주하기 시작했다. 현대그룹에 의해 1998년 시작된 금강산 관광도 더 확대되었다.

남북정상회담은 김대중 대통령, 노무현 대통령이 2000년과 2007년에 한 번씩 했고, 문재인 대통령이 2018년 세 번에 걸쳐 했다. 남북정상회담은 정말 중요하다. 감동적이다. 그러나 남북정상이 한두 번, 여러 번 만나는 것만으로 남북관계가 해결되지 않는다. 군사적 긴장은 여전하고 핵문제는 해결되지 않았다. 북미회담의 성과도 보이지 않는다. 그러나 평화는 언제나 새로운 시작이다. 언제나 새로운 돌파구가 필요하다. 한반도 비핵화와 평화체제의 구축을 향한 노력은 어떤 어려움이 있어도 줄기차게 경주되어야 한다. 이토록 답답하고 어려워도 희망까지 내려놔서는 안 된다. 나는 언젠가 남북교류가 활발해져서 일반국민들도 부산에서 혹은 광주에서 비행기를 타고 북한 삼지연 공항에 내려 백두산에 오르는 날을, 서울에서 기차로 백두산까지 북상하는 날을 꿈꾼다.

— 평화를 이루기 위해서는 지치지 않는 게 중요하다.

이회창 총재

이회창은 우리 정치사에서 매우 독특한 인물이었다. YS에 의해 영입되자마자 한달음에 대선후보까지 도약한 사람, 이런 정치인은 그 이전에 없었다. 정치는 정치인이 하는 일이라는 오래된 관념이 지배적인 시절이었다. 그런 직업 정치인이라는 관념을 깨뜨리면서 등장한 인물이 바로 이회창이었다. 일약 '팬덤 정치' 혹은 '셀럽 정치'의 효시격이었다. 국민들은 그에게 무엇을 기대했을까? 대법관 시절 그는 소신껏 판결하고 합리적인 관점으로 소수의견을 냄으로써 '대쪽' 이미지를 얻었다. 국무총리 시절 각료제청권, 해임요구권 등을 내세우며 김영삼 대통령에 맞서다가 4개월 만에 해임되기도 했다.

— 멋있네.

― 이런 분 못 봤어.

국민들은 그를 개혁적인 인물의 전형으로 생각했을 것이다. 이회창은 개혁적인 사람, 양심적이고 깨끗한 인물이라는 찬사를 받았다. 그가 대통령이 될 기회도 있었다. 또한 한나라당이 좋은 보수정당이 될 기회도 있었다. 그런데 모든 기회가 다 날아갔다. 이회창 본인이 기회를 걷어찼기 때문이었다. DJ와 대결한 첫 번째 도전에서 실패한 이후 그는 점점 수구 보수로 전향했다. 지역적으로는 대구, 경북 중심으로, 정치적으로는 과거 민정당 출신에 둘러싸이면서 개혁 보수로 진화하려던 신한국당의 열망을 외면했다. 이회창이 한나라당 총재로 두 번째 대통령 선거에 도전할 무렵이었다. '이회창 대세론'이 정점에 달하던 시절이기도 했다. 초선 국회의원이었던 나는 2002년 4월 당 대외협력위원장직 사표를 내면서 이회창 총재에게 다음과 같이 말했다. 나는 당시 TK 민정계 일색이 친위부대로는 필경 패배할 것이라고 생각했다.

― 총재님, 이대로 가면 국민들이 마음을 안 줍니다. 돌아설 게 틀림없습니다. 당을 쇄신해서 개혁 보수 진용으로 대선을 치러야 합니다.
― 자네는 아직 현실 정치를 잘 몰라.

이회창 총재의 대답이었다. 정치는 그보다 내가 더 오래 했으므로 이상한 답이었다. 나는 그가 '총재 정치'에 중독되고 말았다고 생각했다. 정치는 먼저 자기 세력을 확고하게 결집시켜야 하는데 내가 그걸 모른다는 것이며, 내가 주장하는 개혁 보수는 자신의 지지 세력과는 거리가 멀다고 판단한 것이었지만, 이미 당을 장악했고 지지 세력도 모았다면 그다음에는 중원 공략에 나서야 함에도 민정계 아첨꾼들의 말에 취해서 점점 수구 강경파 기조로 가버리고 말았다. 권력 중독 증세였다. 권력에 취하면 현실이 잘 안 보인다.

한편 이회창이 당을 장악하니 상도동계의 70~80%가 이회창 지지로 돌아섰다. 이회창이 첫 번째 대선에 도전하던 시절, 나는 경선에서 상도동계 김덕룡을 지지했다. 당을 혁신하기 위해서는 호남 출신이 당대표가 되어야 하고, 지역주의를 타파하기 위해서라도 호남 출신이 대통령 후보가 되어야 한다고 생각했다. 그러나 상도동계 정치인들의 반응은 이러했다.

— 미안하다. 정치는 현실인데 어쩌겠나. 어쩔 수 없다. 이회창이 될 거다.

그러면서 그들은 이회창 지지자가 되었다. 나는 이때 줄서기 정치의 얄팍함을 뼈저리게 느꼈다. 지도자 1인 중심의 조직이라는 것은 그 지도자의 리더십이 무너지면 다 흩어지고 말 뿐이다. 이회창이 두 번이나 실패하고 정계를 은퇴하자 이회창계도 사라졌다.

노무현의 도전

인권변호사 노무현이 정계에 입문한 것은 1988년 제13대 총선 때였다. YS의 통일민주당 소속으로 당선되었다. 그는 5공비리청문회에서 일약 전국구 스타 정치인이 되었다. 그러나 3당 합당에 반발하여 이기택, 김정길, 김광일, 장석화와 함께 통일민주당을 탈당해서 고난의 길을 걸었다. 그때 만들어진 정당을 세칭 '꼬마민주당'이라고 불렀다. 1990년 3당 합당은 나도 동의하지 않았다. YS에 대한 노무현의 반발을 납득한다. 그는 1992년 제14대 총선에서 부산에서 낙선했다. 1995년에는 부산광역시장 후보로 다시 도전했다가 낙선했다. 그러다가 제15대 서울 종로구 보궐선거로 재선 국회의원이 되었다. 그런데 2000년 제16대 총선에서 종로 지역구를 버리고 다시 부산 지역구를 선택해서 도전했다. 새천년민주당 후보인 그는 또 낙선했다. 지역주의는 그만큼 공고했던 것이다. 사람들은 그를 '바보 노무현'이라 불렀다.

지역주의 정치와 맞서 싸우는 그런 노무현을 보면서 나는 상당한 부채의식을 느꼈다. 2000년 서울 광진갑에서 한나라당 소속 후보로 다가오는 총선을 준비하고 있던 때였다. 어느 날 모 언론사 기자와 편안한 인터뷰를 하는 과정에서, "나와 다른 당 후보이지만 부산에서 노무현 같은 사람은 당선되었으면 좋겠어요. 그게 부산 정치를 위해 좋은 일 아니겠습니까."라는 말을 했다. 그런데 그것이 기사화되면서 곤란한 상황이 되었다. "노무현의 경쟁자는 우리 당 후보인데 어쩌자는 것이냐."라는 공격을 받았다. 그 선거에서 노무현은 낙선했다. 나도 부산 출신에 영남패권주의 정당에 소속되어 있으므로 미안한 마음이 들었다.

실패와 좌절을 두려워 하지 않는 그의 도전 정신은 그 후 새로운 정치를 열망하는 많은 이에게 모범과 귀감이 되었다. 어쩌면 나 같은 사람에게 용기와 의지를 선물했는지도 모른다. 몇 년 후 권위주의 정치와 지역주의 정치를 청산하자는 새로운 정당운동이 벌어졌다. 그때 모인 사람들 중 상당수는 나를 포함해서 노무현에 대한 부채의식이 있었다.

십몇 년의 세월이 지나 부산에서 다시 정치를 시작한 후의 어느 날, 이호철 씨를 부산에서 만났다. 뜻밖에 그가 그 기사 이야기를 꺼내는 것이었다. 그는 참여정부 시절 시민사회수석과 민정수석을 맡았다.

— 그때 왜 그런 이야기를 했습니까?
— 왜 그러기는요. 그렇게 생각하니까 그런 이야기를 했던 겁니다. 부산에서 노무현 같은 인물이 당선되는 것이 나쁘지 않다고 그냥 기자에게 솔직히 이야기했던 것인데, 그만 기사화되었습니다.
— 한나라당에서 괜찮았어요?
— 당연히 공격을 받았지요. 당시 곤란했어요.
— 저는 그때 그 기사를 보고 김영춘을 다르게 봤답니다.

21세기 한국의 보수파

고대 중국 기나라에는 하늘이 무너지고 땅이 꺼질 것을 걱정하던 사람이 살고 있었다. 그는 하늘이 무너질까 두렵고 땅이 꺼져서 몸을 의지할 곳이 사라질까 무서워서 제대로 먹지도 잠을 자지도 못했다. 이 사람을 걱정하는 이웃이 찾아와 하늘은 기운이 충만하여 걱정하지 않아도 된다고 하니, 이번에는 하늘이 괜찮더라도 해와 달과 별이 떨어지면 어쩌냐고 물었다. 해와 달과 별은 기운이 충만하면서도 빛남이 있는 것이어서 떨어지더라도 다침이 없다고 하니, 또 묻기를 땅이 꺼지면 어떻게 하느냐면서 여전히 걱정했다. 그러자 이웃은 땅은 흙덩이가 쌓여 빈틈없이 막혀있고 하루종일 안전하니 무너질리 없다고 얘기했다. 그러자 기나라 사람은 걱정이 해결되어 크게 기뻐했다고 한다. 유명한 '기우'의 고사이다.

일부 보수파가 지니고 있는 소위 진보주의에 대한 '원시적 적대감'은 위와 같은 고대 기나라 사람의 쓸데없는 걱정에 불과하다. 그러나 한국에서 기나라 사람은 날로 늘어났을 뿐더러 곳곳에서 '기우'를 퍼뜨리고 다녔다. 2002년 무렵, 내가 한나라당을 탈당하기 1년 전의 일이었다. 공안전문가 출신의 모 국회의원이 여러 사람이 모여 있는 자리에서 노조와 정당은 물론이고 대학, 언론, 문화계 등 우리 사회 곳곳에 수십만 명의 친북좌파가 포진하고 있어 큰일이라며 걱정을 담아 말했다. 그때 나는 이미 대학에서도 주사파가 급격히 세력을 잃었고 주사파 학생이었다고 해도 학교 졸업 이후에는 대부분 사상전향을 하고 있기 때문에 그리 걱정할 문제가 아니라고 반론을 펼쳤다. 그러나 사람들이 내 말을 믿는 것처럼 보이지는 않았다. 당시 그들에게는 한나라당을 반대하는 모든 이는 죄다 친북좌파로 보이는 것이었다. 이런 사람들에게 건강한 사회를 형성하기 위해서는 보수와 진보의 균형이 필요하다고 말해 봤자, 그리고 진영 간에 민주적 경쟁이나 공존 따위의 비전을 이야기해 봤자, 그런 얘기는 애시당초 불가능한 주문이었다.

한국의 보수파는 냉전반공주의를 버린 '합리적인 보수파'와 냉전반공주의에서 벗어나지 못하는 속류 보수파들인 '급진 보수파'로 나뉜다. 보는 시각에 따라서 논란의 소지는 있겠지만, 김대중, 노무현 정권조차도 냉전반공주의를 버린 비교적 합리적인 우파정권이었지 좌파정권은 아니었다. 그런데도 속류 보수파들은 21세기가 되었음에도 과거 냉전시대 극우파들의 신념과 거의 일치하거나 상통하는 성향을 보이는 것이었다. 그들은 좌파 자체를 타도 대상으로 본다. 좌파가 지배하는 정말 큰일날 말세적 세상만을 걱정한 나머지 공포심과 복수심으로 끝없이 진영 싸움을 일삼는다. 이렇게 적대감으로 정치를 하니 대북정책이나 통일정책이란 게 제대로 굴러갈 수도 없다.

그런데 우리나라 보수는 일종의 이익 공동체이기도 했다. 서로 싸우다가도 공동의 이익 앞에선 싸움을 접고 단결한다. 그 공동의 이익이란 무엇인가? 나와 내 가족의 이익과 재산을 지키고, 다른 사람보다 우월한 위치와 미래를 보장받는 것을 뜻한다. 이런 이익을 앞세우는 것이 한국의 속류 보수파가 지니는 이데올로기의 본질이었다. 나는 이를 도덕주의의 몰락이라고 생각했다. 이익을 위해 반칙과 비리를 옹호하는 천박한 윤리부재를 낳는다. 보수 엘리트들의 치명적인 문제는 정치적인 이념과 안보문제를 내세우지만 그러면서도 자신의 헌신과 희생은 생각지 않는다는 것이다. 이러한 성격은 먼저 자기 희생과 책임을 마다하지 않는 우리가 알고 있는 서양의 보수파와 너무 달랐다. 물론 진보도 도덕성을 상실하면 그저 알량한 상업적 좌파에 불과할 것이다.

한국의 참 보수주의자들이 없었던 것은 아니었다. 그러나 한국사회가 경제, 정치, 사회, 문화의 모든 면에서 급격한 변동의 소용돌이를 겪으면서 큰 혼돈이 있었다. 이 혼돈의 투쟁을 거치면서 살아남은 한국의 보수는 대단한 생존력을 보여줬으나, 그 대가로 높은 도덕성을 내세우면서 공동체를 옹호하는 덕목, 보수주의가 반드시 가져야 할 덕목을 잃고 말았다.

사람은 두 다리로 걷는다. 새는 좌우 두 날개로 난다. 인간 사회도 남녀, 노소, 명암, 현실과 이상, 질서와 변화, 지배와 사랑 등 매사 상충되는 양면적인 가치들이 서로 충돌하고 조화하면서 이루어지는 유기적인 생태계이다. 그런데 모든 것을 색깔로만 바라보는 대결적 시각은 이런 자연계의 질서를 깨뜨리고 한국사회를 반쪽짜리 사회로 만들어놓고 말았으니 그 결과 철학이 꽃피지 못하는 불모의 땅이 되고 말았다. YS와 상도동계가 그렇게도 만들고 싶었던 개혁 보수의 정신은 사라졌다. 2003년 무렵의 한나라당의 모습이기도 했다.

나는 어째서 한나라당을 탈당했는가

이회창 총재의 한나라당은 개혁 보수가 아닌 수구 보수였다. 지역주의부터 없애자고 해도 지역주의를 고집하는 정당이었다. TK 민정계와 속류 보수파에 의해 장악되었다. 개혁하고 혁신하자고 아무리 말을 해도 그런 제안을 들으려 하지 않았다. '도로 민정당'이었다. 도저히 견디기 어려웠다.

2003년 1월, 한나라당 개혁파 의원 10명이 '새정치실천모임'이라는 모임을 만들었다. 나를 포함해서, 이우재, 김부겸, 원희룡, 이부영, 김홍신, 서상섭, 안영근, 이성헌, 조정무가 참여했다. 한나라당을 완전하고 전면적이며 근본적으로 개혁하고자 했다. 지역주의와 수구 보수에 찌든 낡은 정치를 청산하고 싶었다. 그러나 잘 안 되었다. 절이 싫으면 중이 떠나라는 말을 의원총회에서 공공연히

할 정도였다.

— 자생적인 개혁은 불가능하겠구나.

결국 2003년 7월, 나는 김부겸, 안영근, 이부영, 이우재와 함께 한나라당을 탈당했다. 영남과 호남으로부터 구속되지 말자, 지역을 초월하는 정당을 만들고 새로운 정치를 하자. 우리는 <지역주의 타파 국민통합연대>를 결성했다. 이 다섯 명을 두고 사람들은 '독수리 5형제'라 불렀다.

당시 많은 사람이 나를 말렸다. 정치는 현실이다, 내가 한나라당을 나가면 다른 사람들에게 이용만 당할 게 분명하다, 라는 게 이유였다. 그래도 나는 한나라당을 탈당하는 것이 내 정치적인 사명이라고 생각했다. 그때 최병렬 씨가 한나라당의 대표를 맡고 있었다. 탈당하기 직전 만났다. 그 또한 탈당을 만류했다. 한나라당에 있으면 언젠가 한나라당의 대통령 후보가 될 터인데 어째서 탈당하느냐는 것이었다. 최병렬은 함께 탈당하는 다른 의원에게 말하기를 '당신들은 가도 좋지만 김영춘은 좀 남기고 가라'고도 했다. 그러자 '김영춘이 가자고 해서 나가는 거다'라는 답이 돌아왔다. 당대표와 동료 의원들의 만류는 어렵지 않았으나 지역구 사람들의 반대는 달랐다. 내 마음이 너무나 무거웠다. 죄송스러웠다. "네 당선을 위해 우리가 얼마나 노력했는데 네 마음대로 탈당하느냐."는 말씀이었다. 어느 70대 노인이 지구당 사무실에서 무릎을 꿇고 눈물을 흘리기까지 했다. 한나라당에서 정치를 하고 한나라당의 대통령이 되어야지 어째서 여기를 떠나느냐, 지금 탈당을 하면 아무것도 못한다는 말씀이었다. 나는 그분의 진정성을 믿는다. 내가 장차 실족할 게 틀림없고 그걸 생각하자니 그토록 마음이 아프셨던 것이다. 그런 만류를 뿌리치고 나오는 게 너무 힘들었다. 사람과 맺은 인연이 이토록 애달프다. 정녕 인간으로서 못할 짓이었다. 내 마음이 고통스러웠다.

그러고 나서 나는 내 정치적 스승인 YS를 만나러 갔다. YS는 탈당을 마음에 들어하지 않으셨다.

— 저는 나가겠습니다. 한나라당은 도로 민정당입니다. 제가 총재님을 따라서 김영삼 개혁정권을 만들려고 했던 거지 도로 민정당을 하러 온 것은 아니잖습니까. 과거 이회창 총재가, 그리고 이 민정계 사람들이 김영삼 정신을 두드려 팼고 총재님을 해친 정당인데 뭘 그리 걱정하십니까.

그러나 YS는 고개를 끄덕이면서도, 그래도 노무현은 아니잖은가, 김대중은 아니잖느냐는 식으로 말씀하기도 하시고, 무엇보다 정치는 현실인데 설령 김영춘의 생각이 다 옳다 해도 선거에서 떨어질 것이니 안 나가는 게 좋겠다고 말씀하셨다.

— 노무현 대통령 때문이 아닙니다. 도로 민정당을 도저히 받아

들일 수 없기 때문입니다. 개혁 정치를 위해서라도, 지역주의 정치 구도를 깨기 위해서라도 이 판을 깨야겠습니다. 총재님도 자유당 시절 이승만이 사사오입 개헌하자마자 탈당하지 않으셨습니까.
— 니 생각은 다 좋지만 떨어질 거야. 그리고 그때는 50년 전이었고, 이승만이가 하도 그래서 그랬잖아.
— 지금도 마찬가지입니다. 도로 민정당에서 어떻게 정치를 합니까.
— 떨어진다니까.
— 총재님도 그때 떨어지셨잖아요.

이렇게 갑론을박하다가, 마지막으로 나는 이렇게 YS에게 말했다.

— 총재님, 저는 YS 비서 출신으로 정말 자부심이 큽니다. 제게는 청년 YS정신이 있습니다. 염산테러를 당하면서도 박정희한테 굴복하지 않았던 그 김영삼의 정신, 닭의 모가지를 비틀어도 새벽은 온다고, 야당 총재를 제명시키던 정권가의 그 험한 싸움을 감당했던 그 김영삼 총재의 정신, 이게 제가 자부심으로 갖고 있는 정신입니다. 김영삼의 정신으로 돌파해 보겠습니다. 그런 정치를 할 수 있게 도와주십시오.

YS는 알았다며, 힘들 거라고, 각오하라고 말씀하셨다. 그러면서 대문 밖에까지 배웅을 나오셨다. 보통 손님이 나갈 때에는 따라 나오지 않는 분이셨다. 차 안에서 뒤를 돌아보는데 나를 향해 손을 흔들고 있는 YS의 모습이 보였다.

한국의 진보파

진보주의는 보수주의에 대한 상대적인 개념이다. 그 시대의 전통과 기존 질서를 수호하고자 하려는 생각 덩어리를 보수주의라고 칭한다면, 진보주의는 상대적으로 그 반대편에 있다. 진보주의는 주로 기득권에서 소외되어 있는 사람들을 대변한다. 그리고 기존 질서를 혁명적으로 바꾸어서 그 사회의 자원을 골고루 나누려는 철학에 기초한다. 이것이 보수요 이것이 진보요 라고 섣불리 단정할 수는 없다. 보수주의라고 해서 소외된 민초들의 고통을 외면하지 않기 때문이요, 시대마다 다양한 상황과 여러 가지 이념과 고유한 과제가 있기 때문이다. 만물이 변화하는 것처럼, 기존 질서도 시간이 지나면서 활력을 잃는다. 고인 물은 썩는다. 어제의 진보가 오늘의 보수가 되고, 활력을 잃은 세력이 보수일 수 있으며, 고인 물이 진보일 수 있다.

기존 질서에 대한 전복과 혁명은 매혹적이다. 그러나 혁명적인 진보주의의 황홀함이 중독을 낳는다. 살벌하고 위험한 독재에 중독되는 것이다. 공산당 일당 독재가 결국 20세기 사회주의 국가의 몰락을 불러왔다. 한 세기가 지나고 보니 자유민주주의야말로 역사가 낳은 가장 진보적인 정치체제임이 드러났다. 세상에 맞게 변화하고, 변화를 위해 혁신하는 것은 사람들의 자유가 보장되고 민주주의 질서가 확립된 세상에서나 가능하다.

서구의 자본주의자들은 한때 봉건 귀족에 맞선 혁명적인 세력이었다. 그러나 우리나라 자본주의자들은 진보세력으로 기능한 적이 없었다. 과거 토지 귀족이 산업자본으로 전환했거나 권위주의 정권의 특혜를 받아 독점적인 기업으로 성장했다. 한국의 진보주의는 오히려 억압과 착취로부터 가장 고통을 받은 농민에서 시작되었지만, 일제 식민지배, 해방 후 남북분단, 6.25 전쟁을 거치면서 진보의 싹이 잘려나갔다 이승만 정권의 진보당 사건, 박정희 정권의 민족일보 사건, 인혁당 사건 등으로 진보적 반정부 인사들을 '사법살인'하면서 한국 사회는 좌우 공존의 서구적 민주주의로 발전할 수 있는 기회를 상실했다. 불구의 정치, 불모의 단색 사회로 전락했다.

군부의 장기집권과 독재통치는 필연적으로 반정부 민주화운동을 촉발시켰다. 독재와 억압은 인간의 자기 존엄성을 실현하려는 본능적인 저항을 낳는다. 1980년대 반독재 민주화 운동의 발전과 함께 저항은 진보를 낳았다. 진보주의의 흐름은 크게 두 갈래였다. 하나는 북한과 무관하게 정통 마르크스 레닌주의 노선을 추종하는 세력이었고, 다른 하나는 북한 노동당을 추종하는 주체사상파 흐름이었다. 전자가 외부와 아무런 조직적 연결을 갖지 않은 자생적 사회주의자들이라면, 후자는 북한과 정신적으로 연결된 김일성주의자들이었다. 이 두 갈래 세력 모두를 일컬어 '좌파'라 칭했다. 1987년 6월 항쟁의 결과로 이루어진 민주화 조치와 함께 좌파 운동권의 절정기를 맞이했지만 오래 가지 않았다.

마르크스는 노동의 신성함을 강조하고 바로 그 노동자들이 지배하는 사회를 만들기 위해 혁명을 주창했다. 그러나 현실의 노동자들은 자신들의 노동이 그렇게 신성한 것이라고는 생각하지 않는다. 만약 그들이 다른 선택을 할 수 있었다면 육체노동을 계속하지 않았을 것이다. 신성한 노동은 먹물들의 말장난이기 쉽다. 그들은 다만 살기 위해 노동한다. 소련과 동구의 공산주의 체제가 몰락하자 마르크스 주의에 대한 비관적인 회의감이 엄습했다. 노동자 대투쟁을 통해 경제적 분배를 획기적으로 개선하는 등의 성과를 거뒀지만, 교조적인 이념이 해체되고 전투적인 조직이 무너지자 진보진영의 한 블록도 힘을 잃었다.

한편 북한의 참상이 알려지면서 진보진영 내부에서 친북적 시각을 퍼트렸던 주사파 또한 붕괴되었다. 북한에서 벌어지는 인권 침해와 인민들의 참상을 외면하고, 북한의 민주화를 이야기하기보다는 북한의 특수한 사정이 있다며 옹호하는 사람들은 이제 이 시대의 진보주의자라고 말하기 어렵다. 진보진영은 낡은 이념이 해체되면서 도태되든지 아니면 서구식 사회민주주의를 택해서 진보의 불빛을 이어 나갈지 둘 중 하나를 선택해야 했다. 경기동부연합의 통합진보당은 도태되었다. 반면 정의당은 사회민주주의를 채택해서 진보진영을 대변하기 시작했다.

보수파에 비해 한국의 진보파는 미약하다. 집권을 주고받는 여야 모두 사실상 보수주의다. 보수 여당과 보수 야당이다. 그들의 권력 의지는 인물을 바꾸고 개혁을 시도하면서 끊임없이 변화를 도모하는 자양분이 되었다. 단지 개혁이냐 수구냐의 차이에서 비롯되는 고통이 있을 뿐이다. 반면 한국의 진보파는 어디에 있는가. 그들의 고통은 무엇인가.

열린우리당 창당과 제17대 총선

노무현 대통령의 집권까지 우여곡절이 많았다. 정부 여당인 새천년민주당이 민주적인 절차로 노무현을 대통령 후보로 뽑아 놓고서는 노무현 후보의 지지율이 떨어지자 당시 대세론을 누리던 한나라당의 이회창 총재를 이길 수 없을 거라며 '노무현 흔들기'를 해댔다. 노무현 후보 사퇴, 후보 교체, 국민통합21의 정몽준 후보와 단일화 등등의 주장이 새천년민주당에서 나왔다. 그런 우여곡절 끝에 대통령에 당선되었고 또 그런 상황에서 2003년 2월 노무현 대통령의 임기가 시작되었으므로 새천년민주당에 대한 쇄신 운동이 일어날 수밖에 없는 상황이었다.

2003년 7월 한나라당을 탈당한 김영춘, 김부겸, 안영근, 이부영, 이우재, '독수리 5형제'는 <지역주의타파 국민통합연대>를 결성했다. 우리는 지역주의를 극복하고 권위주의를 넘어선 새로운 정당운동을 하기로 뜻을 모았다. 기존 여야의 경계를 넘나들어 독자 개혁 세력을 규합하고자 했으나 새로운 여당을 창당하는 정도까지는 아니었다. 노무현 대통령도 새로운 정당을 만드는 데 소극적이었다. 그런데 민주당이 그만 개혁파와 보수파 싸움으로 엉망진창이 되고 말았다. 천정배, 신기남, 정동영을 중심으로 민주당을 개혁하고 신당을 만들자는 개혁파와 동교동계를 중심으로 DJ 시절의 보수파가 대립하는 상황이었다. 이때 2003년 9월 4일 새천년민주당 당무회의 중에 보수파 문괄괘 씨가 개혁파 이미경 의원의 머리채를 잡고 흔드는 사건이 발생했다. 이 사건이 결정적인 계기로 작용했다. 사건 당일 수십 명의 민주당 의원들이 탈당계를 냈다.

— 환멸을 느낀 것이다.

이때 동교동계 사람들이 잘못 생각을 했다. 그들은 새천년민주당이 곧 동교동인데 DJ가 퇴임하자마자 노무현 지지자들이 당에서 동교동을 지우려고 하는 게 아니냐고 의심했던 것 같다. 그러나 그게 아니었다. 지역주의를 청산하고 전국 정당을 만들자는 생각은 있었지만 우리들이나 노무현 대통령이나 동교동계를 추방하고 지우겠다는 속 좁은 생각은 전혀 하지 않았다. 그러나 의심이 저항을 만들었고 저항이 추태를 일으키고 말았다. 새천년민주당을 탈당한 서른 명의 의원들은 <국민참여 통합신당>을 만들어

원내 교섭단체를 만들었다. 만약 이런 세력에 그쳤다면 그저 민주당 파벌 싸움의 결과로 비쳐졌을 것이다. 그러나 한나라당에서 탈당한 우리 독수리 5형제가 여기에 합류한 덕분에 그런 인상을 지웠다. 그 후 김원웅과 유시민을 주축으로 한 개혁국민정당이 합당하면서 우리는 2003년 11월 11일 마침내 열린우리당을 창당했다. 새천년민주당 탈당파 40, 한나라당 탈당파 5, 개혁국민정당 2, 총 47석의 미니 정당이 탄생한 것이다. 김원기가 초대 당의장으로 뽑혔다.

새천년민주당과 한나라당이라는 양쪽의 거대 보수정당의 틈에서 국회 정치를 한다는 건 무척이나 어려운 일이었다. 하지만 열린우리당은 분명한 지향점이 있었다. 한국정치가 선진화하지 못하는 까닭은 지역주의의 볼모가 되었기 때문이다. 당시 영남 지역주의는 패권주의 지역주의였고 호남의 지역주의는 소외에서 비롯된 저항적 지역주의였다. 이제, 이것을 끝내자. 어느 지역에서든 지지를 얻고 뿌리를 내릴 수 있는 지역 초월 정당을 건설하자. 열린우리당의 창당 멤버로서 이때 나는 처음은 부족하고 미미하더라도 국민의 사랑과 신뢰를 받는 정당을 만들고 싶었다. 지역주의가 없으며 부패도 없는 '백년정당'을 만들고 싶었다. 그것이 그때 내 마음속 열린우리당이었다. 그리고 이것은 노무현의 신념과도 일치하는 것이어서 신당에 반대했던 노무현 대통령도 신당에 기울 수밖에 없었다. 다가오는 총선에서 국회의원 재선에 실패하는 것도 두렵지 않았다.

― 제대로 된 나라를 만들어 보자.

다가오는 2004년 4월 15일에는 제17대 총선이 치러진다. 당시 부산에서 출마해 달라는 요구가 있었다. 나도 그러고 싶었다. 하지만 열린우리당은 신생정당이어서 수도권에서도 어려운 상황이었고, 재선에 도전하는 지역구인 서울 광진구민과의 의리도 있었기 때문에 사양했다. 열린우리당은 작지만 기세만큼은 대단했다. 2004년 1월 11일 전당대회에서 정동영이 당의장으로 선출되었다. 그가 역할을 잘해냈다. 매일 새벽 시장을 돌고 쪽방촌도 방문하며 빠른 속도로 뉴스를 만들어냈다. 당 지지도가 올라갔다. 그해 4월에는 제17대 총선거가 치러진다. 2월이 되자 열린우리당의 지지도가 민주당을 추월하기 시작했다. 위기감을 느낀 새천년민주당이 한나라당과 탄핵을 공모하기 시작했다. 이대로 가다간 영남도 뺏기고 호남도 빼앗기겠다는 위기감이었을 것이다. 2004년 2월 24일 방송기자클럽 초청 대통령기자회견에서 대통령은 국민들이 총선에서 열린우리당을 압도적으로 지지해주기를 바란다면서, 자신이 일을 잘해서 열린우리당이 표를 얻을 수만 있다면 합법적으로 뭐든 하고 싶다고 말했다. 이는 그저 '노무현식 솔직한 표현'에 불과했지만, 3월 9일 한나라당 의원 108명, 새천년민주당 의원 51명이 대통령 탄핵소추안을 발의했다. 3월 12일 국회에서 탄핵안이 가결되었다.ᴸ

김영춘 주석 L: 당시 고졸 출신 대통령이라는 이유로 그 권위를 인정하지 않는 엘리트주의가 적지 않았다. 그것이 국회의 대통령 탄핵소추의 심리적 배경이 아니었을까? 당시 민주당 쪽에서는 조순형 대표가 탄핵을 주도했다. 나는 그가 이른바 '독고다이' 정치를 해본 사람으로 누구보다 노무현을 이해할 수 있는 사람이라고 생각했다. 그러나 그분도 결국 엘리트주의자인가 하는 생각이 들었다.

탄핵, 그 뒤의 분위기가 무서웠다. 역풍이 거셌다. 탄핵소추안이 가결되고 며칠 후 나는 부산에 내려갔다. 김포공항에서 초로의 부인과 마주쳤다. 그분이 나를 알아보더니 이렇게 말씀하셨다.

— 저는 사실 보수주의자입니다. 그런데 이 탄핵만큼은 도저히 용서를 못하겠습니다. 우리 국민들은 그런 이유로 대통령을 탄핵할 권리를 국회의원들에게 주지 않았습니다. 나는 노무현 대통령을 지지하는 사람도 아닙니다. 크게 보면 반대자 중 한 사람입니다. 그러나 대통령을 몰아낼 정도는 아닙니다. 그 사람들이 하지 말아야 할 짓을 했습니다. 아주 분노합니다. 이번 선거 때 그 사람들 반드시 떨어트리겠습니다. 내가 얼마나 할 수 있을지는 몰라도 작은 힘이겠지만 할 수 있는 한 최선을 다하겠습니다. 힘내십시오.

이삼 분도 안 되는 짧은 시간이었다. 나는 그때 주권자로서 겸손하지만 아주 지성적인 보수주의자의 모습을 보았다. 이렇게 탄핵에 반발하는 거대한 물결이 생길 줄은 몰랐다. 3월 20일 무렵에는 거의 압승이었다. 지지율이 60%까지 올라갔다. 2백 몇 십 석까지 승리하겠다는 예상이었다.

그러다가 일주일 후에 정동영 의장의 '노인 폄하 발언'이라는 악재가 발생했다. 60~70대 노인들이 미래를 결정하면 안 된다는 취지였으나, 투표하지 말고 집에서 쉬시라는 말이 정국을 강타한 것이다. 그날부터 매일 2~3%씩 지지율이 빠지기 시작했다. 수습이 안 되었다. 급기야 선거 5일 남겨둔 시점에서는 한나라당과 거의 비슷해졌다. 정동영 당의장이 책임을 지고 당의장 직을 사퇴해야 한다는 의견이 나왔다. 특단의 대책이 필요했다. 그러나 뒤에서만 말했지 누구도 당의장 앞에서 직접 고언하지 않았다. 어쩔 수 없이 내가 나설 수밖에 없었다. 당시 나는 당의장 비서실장이었다.

— 비서실장으로서 드릴 말씀은 아닙니다만 당을 위해 충언합니다. 당의장을 사퇴하는 수밖에 없겠습니다. 정말 죄송합니다. 당을 위해 결심해 주십시오.

그러나 정동영은 사퇴하지 않았다. 당 지지도 하락을 멈출 수 없었다. 이러다가는 무조건 역전이라는 생각에 나는 김부겸, 송영길, 임종석 등의 초선 의원에게 전화했다. 일곱 명의 초선 의원이 모였다. 공개 사과와 함께 지역주의를 개혁하는 정치를 할 수 있도록 열린우리당을 살려 달라는 호소를 하면서 국회본관 앞에서 밤샘 단식을 했다. 그때 정동영이 총선 불출마의 승부수로 화답했다. 선대위원장직과 비례대표를 사퇴하고 단식 호소에 동참했다. 그다음날부터 열린우리당에 대한 지지율 추락이 거짓말처럼 멈췄다. 제17대 4.15 총선에서 열린우리당은 과반수를 살짝 넘는 152석을 차지했다. 선거를 이겼다. 한나라당은 121석, 제2당이 되었고 민주노동당이 10석으로 제3당으로 올라섰다. 탄핵을 주도한 새천년민주당은 9석의 소수정당으로 전락했다.

대통령 탄핵역풍으로 열린우리당이 승리했다. 탄핵은 헌법재판소의 판결로 기각되었고 대통령은 직무에 복귀했다. 그해 5월 노무현 대통령은 열린우리당에 입당했다. 하지만 역량에 비해 너무 큰 승리였다. 108명의 초선 국회의원이 탄생했다. 지나친 의욕이 통제되지 않는 당, 모아지지 않는 당으로 전락시키는 원인이 되었다. 우리는 그것을 '108 번뇌'라고 불렀다.

국가균형발전을 향한 커다란 흐름

― 국토와 자원은 국가의 보호를 받으며, 국가는 그 균형있는 개발과 이용을 위하여 필요한 계획을 수립한다.

헌법 제120조 제2항 규정이다. 헌법 제123조는 "국가는 지역간의 균형있는 발전을 위하여 지역경제를 육성할 의무를 진다."라고 규정하고 있다. 중앙과 지방이 조화와 균형을 이루는 국가균형발전은 헌법이 정한 국가의 의무임에도 대한민국은 서울일극주의 일변도였다. 수도권 인구집중과 지역불균형 문제를 해소하기 위해 역대 정부가 노력하지 않은 것은 아니었다. 그러나 규제 외에는 별다른 시정 노력이 없었으므로 수도권과 지방의 불균형이 완화되기는커녕 오히려 그 격차가 더 벌어졌다. 수도권은 부익부이며, 지방은 빈익빈이었다. 변화를 몰고올 정치적 동력이 없었다.

그것을 참여정부가 만들어냈다. 2003년 6월 12일 노무현 대통령은 국가균형발전을 위한 대구 구상을 발표했다. 이것이 국가균형발전을 향한 이정표가 되었다. 노무현 대통령은 다음과 같이 선언했다. "목표는 전국이 개성있게 골고루 잘사는 나라를 만드는 것입니다. 적어도 저의 임기 중에 그간 서울로만 올라오던 이삿짐 보따리를 다시 지방으로 내려 보내는 전환점을 만들고자 합니다. 지방을 혁신주체, 역동적 발전의 주체로 착실히 육성함으로써 '지방화를 통한 국가의 선진화'를 실현해 나가도록 하겠습니다." 2002년 대통령 선거 당시 행정수도 이전 공약의 연장선이었다. 2003년 12월 29일 제16대 국회는 정부 발의의 <신행정수도의 건설을 위한 특별조치법>을 가결했다. 또한 공공기관의 지방이전 추진의 법적 근거가 되는 <국가균형발전특별법>도 국회 본회의를 통과했다. 2004년 3월 9일 노무현 대통령 탄핵소추로 인해 추진력에 잠시 제동이 걸렸지만 동력을 잃지는 않았다. 그러나 예상치 못한 변수가 발생했다. 관습헌법이라는 전대미문의 논리가 등장한 것이다. 2004년 10월 21일 헌법재판소 전원재판부는 신행정수도특별법에 대해 서울이 대한민국의 수도인 점은 불문의 관습헌법이라면서 위헌결정을 내렸다. 이 위헌결정에 온 나라가 충격을 받았다. 엄연히 성문헌법이 있는 국가에서 관습헌법 논리로 위헌결정을 내리는 논리가 궁색하기 그지없었다. 하마터면 헌재의 결정으로 말미암아 국가균형발전의 동력을 상실한 위기에 처했다. 국가균형발전과 지역분권이라는 헌법 가치가 다시 내버려질 위험에 빠졌다. 공공기관의 지방이전에 대한 회의론이 확산되었다.

그러나 참여정부는 굴하지 않았다. 재빠르게 후속조치를 이어나갔다. 노무현 대통령 탄핵으로 말미암아 추진력에 잠시 제동이 걸렸지만 동력을 잃지는 않았다. 2005년 3월 2일 신행정수도 후속대책으로 <행정중심복합도시 건설을 위한 특별법>이 국회를 통과했다. 이 법을 근거로 2012년 세종특별자치시가 출범했다. 그리고 중앙행정기관이 이곳으로 이전하기 시작해서 현재 22개 부처가 세종시에 자리잡고 있다. 국무조정실, 국무총리비서실, 기획재정부, 공정거래위원회, 국토교통부, 환경부, 농림축산식품부, 행복청, 보건복지부, 고용노동부, 국가보훈처, 교육부, 행정안전부, 문화체육관광부, 산업통상자원부, 법제처, 국민권익위원회, 국세청, 인사혁신처, 소방청, 과학기술정보통신부, 그리고 해양수산부이다. 그 밖에 조세심판원, 무역위원회 등 22개의 소속기관도 이곳으로 이건했다. 이곳은 내가 해양수산부 장관으로 2년간 근무한 도시이기도 하다. 세종특별자치시가 출범할 당시의 인구는 약 11만 명 정도였다. 그러나 2020년 현재 35만 명이 넘는다.

한편 2005년 6월 24일 참여정부는 국무회의 심의를 거쳐 공공기관 지방이전 계획을 발표했다. 지방으로 이전하는 공공기관과 산·학·연·관이 서로 긴밀히 협력할 수 있는 최적의 여건과 수준 높은 주거·교육·문화 등의 정주환경을 갖춘 새로운 차원의 미래형 도시를 건설하기로 하고 이를 '혁신도시'라 칭했다. 공공기관의 지방이전 계획과 혁신도시 건설을 더욱 안정적이고 일관되게 추진하기 위해 참여정부는 <공공기관 지방이전 및 혁신도시 건설에 관한 특별법>을 제정했다(2006년 12월 22일 국회 본회의 의결). 비록 행정수도를 이전하는 데에는 실패했지만 공공기관의 지방이전은 국가균형발전의 핵심축이었다.

참여정부는 국가균형발전을 향한 확고한 의지가 있었다. 굴함이 없었다. 참여정부의 이런 불굴의 노력 덕분에 2020년 6월 기준, 지방의 혁신도시로 112개의 공공기관이 계획에 따라 이전했다. 그 밖에도 41개의 공공기관이 개별적으로 이전했다. 국립해양조사원, 국립수산물품질관리원, 주택도시보증공사, 한국남부발전, 한국자산관리공사, 한국주택금융공사, 한국청소년상담복지개발원, 한국해양과학기술원, 한국예탁결제원, 한국해양수산개발원, 게임물관리위원회, 영상물등급위원회, 영화진흥위원회를 포함하여 13개의 공공기관이 부산으로 이전했다. 대구에는 한국가스공사, 신용보증기금 등 10개의 공공기관이, 광주 전남 지역에는 한국전력공사, 한국농어촌공사, 한국콘텐츠진흥원 등 16개의 공공기관이, 울산에는 한국석유공사, 한국산업인력공단, 근로복지공단 등 9개의 공공기관이, 강원도에는 한국석탄공사, 한국광해관리공단, 한국관광공사, 대한적십자사 등 12개의 공공기관이, 충청북도에는 국가기술표준원, 정보통신산업진흥원, 한국교육개발원 등 11개의 공공기관이, 전라북도에는 농촌진흥청, 국민연금공단, 한국식품연구원 등 12개의 공공기관이, 경상북도에는 한국

도로공사, 농림축산검역본부, 한국교통안전공단 등 12개의 공공기관이, 경상남도에는 한국토지주택공사, 한국남동발전, 중소벤처기업진흥공단 등 11개의 공공기관이, 제주에는 공무원연금공단, 국세공무원교육원 등 6개의 공공기관이 이전을 완료했다. 질병관리본부가 오송으로, 국방대학교가 논산으로, 한국수력원자력이 경주로 이전하는 등, 그렇게 개별적으로 이전한 공공기관이 22개에 이르고, 한국개발연구원, 한국노동연구원, 한국보건사회연구원 등 19개의 국책연구기관과 공공기관이 세종특별자치시로 이전했다.

공공기관이 지방으로 이전할 때 그저 단순히 공무원만 오는 게 아니다. 새로운 경제인구가 활력을 갖고 지방으로 오는 것이다. 그들의 가족이 오고, 관련 기업이 함께 이전한다. 그것이 지방산업구조의 경쟁력을 강화한다. 혁신도시는 이처럼 낙후일로에 있던 지방에 단비와 같은 정책이었다. 혁신도시 인구는 2019년 말 기준으로 20만4천여 명이다. 2012년부터 5년간 새로운 일자리 11만여 개가 증가했다. 우리가 지나온 역사를 되돌아볼 때 그리고 노무현 대통령의 유산과 참여정부의 공적을 말할 때, 빼놓을 수 없는 게 바로 이것이다. 국가균형발전을 향한 커다란 흐름.

― 거스를 수 없는 역사를 만들어냈다

신자유주의 대유행과 민초들의 삶

2001년 8월 23일 IMF 구제금융 195억 달러를 조기 상환함으로써 대한민국은 3년 8개월만에 IMF 관리 체제에서 졸업했다. 1997년 11월 IMF에 구제금융을 요청했을 당시 외환보유액은 수십 억 달러에 불과했다. 2001년 말 대한민국 외환보유액은 1,000억 달러가 넘었다. 김대중 정부는 외환위기를 극복하기 위해 노력했다. 그리고 성공해냈다. 하지만 대가를 치러야 했다. IMF 처방을 다 수용해야 했고, 그러는 과정에서 신자유주의의 물결을 받아들일 수밖에 없었다. 그것이 노무현 정부에도 이어졌다. IMF 처방이 곧 신자유주의였고 그것은 우리 민초들의 삶에 큰 후유증을 초래했다. 그러나 정치가 그것을 치유하는 방향으로 나아가지는 못했다. 오히려 고통을 가중하는 방향으로 역행했다. 틀림없이 민주정부이며 좋은 정부였다. 하지만 나쁜 국가로

가는 방향이었다.

국민의 정부와 참여정부 십 년 동안 국민의 하위 50%의 실질근로소득이 감소했다. 중산층은 줄어들었으며, 고용시장의 불안과 비정규직의 확산은 다수 국민들로 하여금 실직의 공포를 겪도록 했다. 가계부채는 지속적으로 늘어났다. 부동산 문제도 심각해졌다. 특히 양극화가 심화됐다. 민초들의 고통이 이만저만이 아니라고 생각했다. 당시 나는 노무현 대통령께 민생 상황의 심각성을 말씀드리면서 재경부 관료들의 보고만 받지 말고 국민들의 고통을 들어 달라고 요청했다.

― 중소기업을 가 보십시오. 중소기업이 어떻게 애로를 겪고 있는지 들어도 주시고, 시장에도 가서 장사하는 서민들의 얘기를 들어 보십시오. 그들이 아파하면 손목이라도 잡아 주십시오.

하지만 대책도 없으면서 시장에 가서 정치적인 쇼를 하라는 것이냐며 역정을 내기도 했다. 노무현다운 솔직한 심정의 토로였다. 한편 재경부 관료들은 거시경제지표를 제시하면서 이만하면 괜찮다는 의견이었다. 열린우리당 내 의원들 다수의 태도도 비슷했다. 양극화 현상이 되돌이킬 수 없을 만큼 뚜렷해진 시점까지도 그들은 여전히 시장주의를 말하고 세계화를 강조하면서 양극화는 어쩔 수 없이 지불해야 하는 비용인 것처럼 말했다. 그들은 문제제기를 하는 내게 당당하게 말했다.

— 당신이 시장을 알아? 경제를 알아?

나는 '내가 시장이나 경제를 잘 아는 전문가는 아니지만 그래도 국민들의 고통에 대해서는 당신들보다는 더 안다'고 말하기도 했으나, 실은 도토리 키재기였을 것이다. 당시 나는 민초들의 고통에 대한 인식만 있었을 뿐 대안에 대한 확신이 없었다. 그러나 거시경제지표는 평균적인 수치만 담을 뿐이어서 소수에게 편중된 부를 은폐하고 민초들의 고통을 외면한다는 것만은 분명했다. 국가 경쟁력, 기업 경쟁력, 이런 단어도 좋긴 하다. 하지만 국민 팔할이 불행해 하는 사회라면 의미가 없지 않은가, 국민이 국가를 위해 존재하는가, 아니면 국가가 국민을 위해 존재하는가.

경쟁과 효율이 핵심 미덕인 신자유주의의 대유행은 가뜩이나 분열된 우리나라의 사회 통합을 더 위협했다. 효율적인 기업은 인력 감축과 아웃소싱을 동반한 구조조정을 서슴지 않는다. 기업 경쟁력이라는 신성불가침의 신화는 기업 내에서든 기업 간에서든 노동자들의 불평등을 정당화시켰다. 한 공장의 동일 작업라인에서 비정규직이 정규직보다 일은 더 많이 하면서도 임금은 절반 밖에 받지 못하는 일들이 발생했다. 고용유연성이라는 미명으로 노동자를 저임금에 묶어둘 수 있는 시스템을 급속히 확대한 대가로 비정규직 노동자의 고통이 생겼다. 대기업은 원가절감을 중소기업에 전가하여 효율 경영의 찬사를 받고 그 대신 중소기업이 그 고통을 짊어졌다. 마찬가지로 국가 경쟁력이라는 슬로건 아래에서 국민의 고통이 통계 지표에 의해 가려졌다. 이런 문제들에 대해 나중에라도 반성적 고백을 한 사람은 내 기억으로는 임기 말의 노무현 대통령뿐이었다.

평생 고용은 없다. 실직한 다음의 인생은 거의 전적으로 개인이 책임을 진다. 대기업이 아닌 한 기업하기 어렵다. 젊은 세대는 함부로 결혼을 하지 못한다. 결혼을 하더라도 함부로 아이를 낳지 못한다. 아이를 낳으면 기르기 너무 힘들다. 세계 최저의 출산율과 세계 최고 수준의 자살률이 나타났다. 이런 모습이 만연된 나라는 분명 나쁜 나라이다. 역설적이게도 두 대통령 집권 시기에 좋은 정부를 만들었음에도 나라는 나쁜 방향으로 가고 있었다. 고통을 겪는 건 우리네 민초들 뿐이다. 고통을 듣고 치유하는 것이 정치의 역할이었음에도….

2006년 열린우리당 전당대회와 서울시장 선거

노무현 대통령과의 대화에서 얻는 게 없었다. 서로 부딪히며 불편해졌다. 나는 더이상 청와대에 가지 않게 되었다. 김우식 비서실장이 내게 전화를 걸어 대통령이 부르는데 오셔야지 왜 청와대에 들어오지 않느냐고 말했다. "청와대에 가면 맨날 부딪히니 나도 힘들고 대통령도 힘드시지 않겠습니까. 분위기만 나빠져서 괴롭습니다."라고 답했다. 그러다가 이제부터는 불만을 토로하고 고언하는 것에 그치지 않고 공개적으로 내 이야기를 하겠다고 선언했다. 대통령의 철학과 목표에 대해서는 아낌없이 동의한다. 그러나 그 실행 방법과 현실인식에서는 생각이 달랐다. 2006년 2월 18일 열린우리당 전당대회가 예정되어 있었다. 제3차 전당대회였다. 나는 당의장 경선에 출마하겠다고 선언했다. 대통령에게는 국정쇄신을 요구하고 당에는 스스로 설 수 있는 정당을 만들자고 주창했다. 그리고 이것이 내 정치 인생의 터닝 포인트가 되었다.

대의원 70%, 당원 여론조사 30%로 예비경선을 치렀다. 그 시절 대통령의 인기가 낮았다. 노무현 정부를 믿고만 있어서는 그다음 선거에서 모두 죽겠다는 생각이 사람들 사이에서 고개를 들었다. '다시 호남으로' 정서가 생겨난 것이다. 호남에서도, 영남에서도 모두 지지를 얻을 수 있는 지역초월적인 전국정당을 만들자는 열린우리당의 가치는 흐물흐물해졌다. 노무현 정부의 인기가 떨어지니 지역주의가 다시 고개를 든다. 이건 열린우리당 정신이 아니라고 생각했다. 우리가 잘하면 호남의 지지는 저절로 따라올 것이다. 영남도 마찬가지다. 우리가 어떻게 스스로 설 수 있는지를 고민해야지 어찌 다시 지역주의로 가느냐고 공격했다. 나는 맹호는 굶주려도 풀을 먹지 않는다, 우리 당은 시베리아의 호랑이처럼 당당하게 나아가자고 외쳤다. 당시 정동영과 김근태 두 고문도 입후보했다. 예선에는 1인 2표제였다. 정동영 쪽에서 협력 요청이 들어왔다. 내가 김근태를 공격해준다면 도와주겠다는 것이었다. 거부했다. 그런 짓을 해서까지 표를 구걸하지 않겠다. 나는 당권장악에만 급급하고 계파 대결만 한다며 두 사람을 비판했다. 열린우리당의 정신과 실체를 소리없이 해체하는 주역이 바로 열린우리당의 핵심인사들이라며, 열린우리당 해체작업을 중단해야 한다고 목소리를 높였다. 하마터면 예선 탈락할 뻔했다. 예선은 겨우 통과했지만 본선은 더 어려웠다. 호남을 업고 뛰는 사람도 있었고, 영남을 업은 사람도 있었다. 나는 외로운 황야의 이리한 마리였다. 백년정당을 추구하는 열린우리당의 정신은 어디에 있는가. 어째서 지역주의와 기회주의의 망령이 패배주의와 함께 지도부 사이에서 떠돌고 있는가. 어째서 정책정당을 만들 생각을 하지 않고 지역주의에 편승하는가. 나는 구시대의 유령과 싸웠다. 그러나 꼴찌를 했다. 최다득표자가 의장이 되는 선거에서 정동영이 당의장으로 뽑혔다. 김근태가 2위였다. 그와 함께 김두관, 김혁규, 조배숙도 최고위원이 되었다. 나는 비록 낙선했지만 전국을 돌아다니면서 내가 하고 싶은 이야기를 원 없이 했다. 고함도 치고 야유도 많이 받았다.

별로 외롭지는 않았다. 친노와 호남 당권파 사람들한테 찍혔지만, 그래도 내 주장에 공감하는 사람들이 적지 않았다. 그런 사람들은 당 안에도 있었지만 당 밖에도 있었다. 전당대회 직후 3월경 내게 묘한 제의가 왔다. 그해 5월 31일에 제4회 전국동시지방선거가 치러진다. 김한길 원내대표가 보자고 하더니 곧 시작되는 서울시장 선거에서 우리당 후보로 강금실 전 법무부장관을 영입하려고 하는데 이 선거에서 총괄본부장을 맡아달라는 주문을 했다. 자기가 강금실 변호사를 서울시장 후보로 영입하려는데 그분이 조건을 달았다는 것이다. 김영춘을 총괄본부장으로 세워주면 나서겠다는 조건이었다. 당시 나는 강금실 변호사와 서로 친분이 없었다. 나중에 강금실을 만나 그 까닭을 물었다.

― 왜 그런 조건을 다셨습니까?

내가 열린우리당 전당대회에서 '떠드는 걸' 언론을 통해 유심히 봤다는 것이다. 딱 맞는 이야기를 하는데 왜 저런 사람을 저렇게 떨어뜨리지, 라는 생각을 했다는 이야기였다. 그런 당에서 서울시장 후보를 맡아달라고 하는데, 이게 노무현 정부만의 이름으로 혹은 열린우리당 이름만을 갖고서는 싸울 에너지가 없으므로 김영춘과 함께라면 해볼 수 있지 않을까라는 생각을 했다고 말했다. 나는 그때 속으로 생각했다.

― 지난 전당대회에서 꼴찌를 했지만 헛장사만 한 건 아니었구나.

강금실 영입은 빛을 발했다. 여론조사를 하면 홍준표, 맹형규, 박진 등 당시 한나라당 서울시장 후보로 거론되던 사람들에 비해 20%씩 이기는 결과가 나왔다. 그러자 한나라당에서 판을 완전히 바꾸었다. 독하게 마음을 먹은 것이다. '올드 가이'를 후보군에서 간게로 제외하고 원희룡, 오세훈 같은 젊은 후보를 내세웠다. 결국 오세훈이 한나라당 서울시장 후보가 되었다. 그러자 여론 지형이 완전히 뒤바뀌었다. 참여정부와 열린우리당을 싫어하는 당시 정서와 결합되면서 도저히 역전을 시킬 수 없는 분위기였다. 그러자 선거본부 내에서 이제 남은 것은 '네거티브 공격'밖에 없다며, '흠집거리'를 가져왔다. 내가 보기에 별것 아니라는 생각이 들었다. 결정적 한 방은 되지 못했다. 괜히 우리 후보 이미지만 나빠지므로 나는 반대한다고, 지더라도 장렬하게 지자고 말했다. 후보도 동의했다. 우리는 선거 막판 잠도 안 자고 72시간 총력전으로 유세했다. 지는 줄 알면서도 그랬다. 후보도 그걸 잘 따라와 줬다. 끝날 때 정말 아름답게 마무리했다. 춤추고 웃으면서.

참여정부의 명암

노무현 대통령의 참여정부는 과거의 권위주의를 청산하는 데 지대한 공을 세웠다. 노무현 대통령은 검찰과 국정원을 권력유지를 위한 사적인 도구로 사용하지 않겠다는 신념이 있었다. 민주주의에 대한 투철한 신념이었다. 그리고 그 신념대로 참여정부를 이끌었다. 보통 청와대 민정수석은 검찰 출신이 자리를 맡아왔다. 민정수석을 통해 검찰을 통제하기 위함이었다. 참여정부는 검찰 출신이 아닌 사람을 민정수석에 기용했다. 그때의 민정수석이 문재인 변호사, 전해철 변호사, 그리고 이호철 씨였다. 또한 참여정부의 청와대는 여당의 공천에도 그다지 개입하지 않았다. 2004년의 17대 총선에서 노무현 대통령이 요청한 공천 추천은 딱 한 명 있었는데 부산에서 활동하는 조성래 변호사였다. 그러고는 없었다. 제왕적 대통령제 하에서 가장 권위주의에서 벗어난 대통령이었고, 그 대통령이 운영하는 정부가 참여정부였다.

앞에서 이야기한 것처럼, 지방분권과 국가균형발전은 참여정부의 가장 큰 공적 중의 하나였다. 행정수도 이전에 관한 법률에 대해 헌법재판소의 위헌 판결이 내려지자 이에 굴복하지 않고 행정중심복합도시를 추진했고 이뤄냈다. 참여정부가 없었다면 지금의 세종특별자치시가 없었을 것이다. 또한 공공기관과 공기업의 지방 이전은 그 지역 경기에 매우 귀중한 도움을 주었다. 혁신도시가 생기고, 새로운 지역 성장의 거점이 마련되었으며, 새로운 경제 인구가 나타났다. 참여정부가 없었다면 공공기관과 공기업의 지방 이전은 불가능했을 것이다.

참여정부는 틀림없이 좋은 정부였다. 대한민국의 미래에 대한 굳건한 기초를 마련했다. 그런 공이 있었다. 또한 정직한 정부였다. 인위적인 경기부양책을 쓰지 않은 유일한 정부였다. 이는 내 말이 아니라 당시 노 대통령에게 아주 비판적이었던 어느 보수 경제학자가 그의 공적이라며 내게 했던 말이다. 그러나 신자유주의 대유행에 의해 심화되던 양극화 현상을 극복하는 데 소극적이었다. 노무현 대통령은 책을 많이 읽고 생각을 많이 하는 똑똑한 사람이었다. 그렇지만 승패를 너무 일찍 정해버렸는데 이는 똑똑한 사람이 종종 범하는 실수의 유형이었다. 신자유주의가 세계적인 흐름이고 대세이기 때문에 우리나라가 거스를 수 없다는 결론을 너무 빨리 내린 것이다. 당시 미국식 경제체제가 전 세계를 지배한 것은 아니었다. 북유럽 국가들은 북유럽 식으로, 독일은 독일 식으로 세계적인 흐름을 자기 방식으로 활용했다. 그러나 참여정부는 당시 미국의 신자유주의 정책을 온순하게 받아들이고 말았다. 시장과 관료에 약했다. 그 결과 국민의 고통이 심해짐에도 그것을 지켜보고 말았다. 이것이 참여정부의 어두운 면이었다.

사보타주

민주화 이후 1990년대 중반까지 한국이라는 '국가'는 경제성장과 부의 재분배를 비교적 균형있게 추진하고 있었다. 좋은 지향의 궤도 위에 올라타 있었다. 정치적 민주화뿐만 아니라 사회적, 경제적 민주화 역시 급속도로 신장했다. 특히 1987년 이후 급속하게 진행되었던 노동조합 설립의 물결과 노동자 대투쟁은 국민들의 소득수준 향상을 촉진했다. 민주주의가 경제적 평등도를 획기적으로 높이는 기폭제 역할을 한 것이다. 임금수준이 낮았던 중소기업에서 불과 3년만에 임금이 두세 배 상승하는 놀라운 일이 벌어진 것도 이때였다. 노동자 계층의 높아진 소득수준 덕분에 소비가 촉진되었다. 중산층이 증가했으며 내수경제 기반도 빠른 속도로 확대되었다. 이것이 다시 높은 성장으로 선순환했다. 90년대 한국이라는 나라의 전체적인 궤적이었다.

그러나 외환위기라는 국란이 들이닥쳤고 이어서 신자유주의가 우리를 엄습했다. 실은 외환 위기 이전부터 이미 곪고 있었다. 김영삼 정부의 브레인들은 '세계화'라는 이름으로 우리 경제체제를 신자유주의적으로 재편하고 있었다. 세계화가 국가경쟁력 강화를 가져다 줄 것이라고 믿었다.

― 국가경쟁력 강화.

나도 한때 경도되었던 우상이고 신화였다. 그러나 준비 안 된 세계화의 졸속한 추진은 1997년 말의 외환위기를 초래하는 요인의 하나가 되고 말았다. 외환위기 이후 십여 년 동안 그 어려운 시기에 우리나라는 국민기초생활보장법을 제정하는 등 부분적으로 복지제도를 도입했다. 그럼에도 나쁜 국가로 변질되고 추락하는 과정을 겪었다. 한국인의 삶이 팍팍해진 것이다.

김대중 정부와 노무현 정부는 분명 민주정부이며 좋은 정부였다. 하지만 외환위기를 극복하는 과정에서 당시 미국식 패러다임인 시장 지상주의의 세상으로 돌진하는 마차에 올라타버렸다. 그리하여 신자유주의적인 세계화에 포획되고 말았다. 그것은 효율지상주의였다. 효율지상주의는 비정규직을 양산하고 고용의 불안을 야기했다. 그러자 국민들이 정부의 정책을 신뢰하지 못하고 가족 단위로 각자도생하기 시작했다. '금수저'가 가장 좋은 직장이 되었다. 신용을 늘려 투기하면서 빚이 늘어갔다. 시간이 흐를

수록 다수 국민의 삶이 곤궁해졌다. 거시경제 통계는 개선되었을지 몰라도 국민 개인의 삶은 추락했다. 외형적인 경제지표에서 위로와 변명을 찾는 사람들도 있었다. 하지만 곳곳에서 들리는 비정규직 노동자의 아픔과 붕괴 과정의 자영업자들의 울부짖음을 귀 있는 자들은 듣는다. 인간 노동의 가치가 떨어졌다. 노동이 상품화되면서 기계나 원료보다 더 못한 대우를 받는 사회가 되었다. 사람들은 미사여구로 노동을 예찬하지만 노동이란 고작 '시장 근본주의' 매장에 저렴하게 나온 매물에 불과했다.

국민들의 비명을 방치하는 국가는 틀림없이 격렬한 저항을 받게 될 것이다. 80년대 독재에 항거한 광장의 저항은 저항하는 자와 억압하는 자가 명확했다. 승리, 패배, 협상이 분명했다. 오늘날 저항은 그런 게 아니다. 시민들의 저항은 꼭 머리띠 맨 투쟁의 모습이 아니라 '사보타주'의 형태로 나타났다. 세계에서 가장 낮은 출산율, 세계 최고 수준의 자살률이 그런 사보타주의 일종이다. 사람들은 '희망없음', '살기힘듦'을 토로하면서 체념으로 저항한다. 이런 저항에는 승리도 패배도 협상도 없다. 비상구가 보이지 않는다.

헌법 제10조는 "모든 국민은 인간으로서의 존엄과 가치를 가지며, 행복을 추구할 권리를 가진다."라고 선언한다. 민주주의 국가는 기본적으로 헌법을 수호한다. 그러나 우리 사회는 상시적인 위헌상태에 빠지고 말았다. 반면 각자도생의 경쟁에서 승리했거나 '금수저'로 태어나 승리할 수밖에 없는 소수 사람들에게는 헌법 문장이 자기들 인생을 빛내 준다.

108번뇌, 우리는 왜 실패했는가

2003년 열린우리당을 창당하면서 우리는 새로운 정치를 내세웠다. 새로운 정치가 무엇이냐, 이것이 문제였다. 정당으로서 구체적인 노선과 철학이 있어야 했는데 열린우리당은 기존 정당에 대한 '안티테제'만 있었다. 기존 정당의 나쁜 모습을 비판하고 부정하면서 새로운 정치를 말했지만, 그 새로운 정치의 철학과 구체적인 노선이 결여되어 있었던 것이다. 열린우리당의 실패는 어찌 보면 필연적인 것이었는지도 모른다.

열린우리당은 17대 총선에서 152석으로 큰 승리를 거두었다. 권위주의를 청산하고 지역주의 정치를 극복하자는 창당정신으로 백년정당을 만들겠다는 포부가 있었다. 좋은 당원도 참 많이 들어왔다. 하지만 우리는 선거에서 승리하자마자 실패하기 시작했다. 이겨도 너무 크게 이겼다. 노무현 대통령 탄핵 역풍 덕분에 큰 승리를 거두었지만, 우리 역량을 넘어선 승리를 하고 말았다. 창당 주역들은 당시 100석을 목표로 했다. 그게 당시 우리의 실력이었다. 차근차근 탄탄한 정당으로 키워가면 되지 않겠느냐고 우리는 생각했다. 그런데 총선에서 152석을 얻었고, 그중에서 초선 국회의원이 108명이나 되었다. 이는 곧 '108 번뇌'로 바뀌었다. 모두가 자유롭게 자기 주장을 했다. 백가쟁명식 정당이었다. 경험이 부족한 국회의원이 너무 많았고, 당의 지도력이 그런 초선 의원에게 미치지 못했으며, 당내에 여러 파벌이 생겼다. 그리고 지도력 부재 현상이 벌어지고 말았다. 열린우리당 당의장의 평균 재임기간은 4개월에 불과했다. 지도부가 물러나는 것도 법도가 있는 것인데 지도부가 너무 쉽게 사퇴 카드를 던졌다.

또한 과반수 여당이 되었으므로 청와대로부터 과도한 기대와 주문을 받으나. 청와대가 여당에게 국회에서 법을 통과시키라고 요구하면, 그것을 토론하면서 소화하고 선택적으로 수용할 역량이 당에 있어야 했는데, 그럴 역량도 없었다. 토론은 생략되기 일쑤였다. 청와대에서 받은 숙제를 하기도 급급했다. 이것은 다시 당 지도부의 지도력 약화를 불러왔다. 그러는 과정을 거치면서 참여정부와 열린우리당은 운명 공동체가 되고 말았다. 정권의 지지율이 떨어지면서 당도 붕괴 지경에 이르렀다. 정권이 망하더라도 당이 망해서는 안 되는 것인데 정권이 망하기 전에 당이 먼저 망하는 상황이 벌어진 것이다.

여당 국회의원들은 문제의 원인을 대통령 탓으로 돌리기 시작했다. 우리는 점점 창당정신을 잃어버리고 '도로민주당'으로 변해가고 있었다. 지역주의를 뛰어넘는 전국 정당의 목표는 온데간데없고 호남 표에 얽혀서 각자도생의 길을 모색하는 사람들이 생겼다. 자기만 살자고 먼저 탈당하는 사람들도 생겼다. 정치철학에 기초한 반성이 아닌 정치공학적인 계산으로 사람들이 행동했다. 열린우리당은 사망선고를 당한 정당이라거나 해체할 수밖에 없는 정당이라는 이유로 탈당 러시가 일어났다. 당대표까지 역임한 사람들이 탈당했다. 이렇게 탈당한 80명의 국회의원은 민주당 탈당파 4명과 한나라당을 탈당한 손학규 씨를 위시한 세력과 함께하여 <대통합민주신당>을 창당했다.

— 나는 정말 고통스러웠다. 우리가 이러자고 새로운 정치를 이야기했던가.

86세대 운동권 출신이 많았음에도 그들마저 가치 중심으로 행동하기보다는 어떤 파당에 대한 충성심 혹은 재선이 우선이라는 느낌을 받았을 때, 정치개혁을 염원하고 좋은 정치를 희구하는 우리 국민의 기대를 저버리고 과거로 회귀하려는 아마추어 정치인과 야심가들을 목격할 때, 밖으로는 대통령에 대한 적의를 나타내고 내부에서는 끊임없이 당을 흔들어대면서 불신을 퍼뜨리는 동료 의원들과 함께해야 했을 때, 반성보다는 남 탓을 하면서 책임감도 없는 사람들이 열린우리당을 흔들어 댈 때, 가슴이 답답하고 비통했다.

나는 당시 당 최고위원이었다. 무너져가는 열린우리당의 마지막 사무총장을 겸해서 맡았다. 전임 사무총장이 탈당을 해버렸기 때문에 당을 잘 마무리하는 역할로 내가 사무총장을 맡게 되었다. 열린우리당을 해체하지 않으면 민주신당이 재산과 법통을 가져가지 못하게 되므로 그런 행정적인 절차를 처리해야만 했다. 2007년 8월 18일 마지막 전당대회를 통해 열린우리당은 민주신당과 합당을 결의했다. 찬성이 훨씬 많았지만 고성이 오갔다. 전당대회가 열린 일산 킨텍스 바깥에서는 허경영 씨가 자기를 홍보하면서 책을 파는 웃지 못할 풍경도 벌어졌다. 열린우리당이 역사 속으로 사라지자 남아있던 정치인들은 민주신당으로 옮겨갔다. 나는 마지막 사무총장으로 열린우리당의 당 문을 닫으면서도 이렇게 문을 닫으면 안 됐다는 자책에 이제 그만 정치를 해야겠나는 생각이 들었다.

그날을 생각할 때마다 지금도 마음이 아프지만, 이제는 다 지난 일이 되었다. 교훈과 배움이 없었던 것은 아니다. 정당정치는 단순히 '안티테제'가 아닌 철학과 구체적인 노선으로 존재해야 함을 깨달았다. 지도력을 존중하고 유지하는 게 지극히 중요하다는 것을 모두가 마음속에 되새겼다. 나는 그 시절 열린우리당의 실패와 그 실패로부터 얻은 경험과 교훈이야말로 지금 더불어민주당이 좀처럼 흔들리지 않게 만들어준 매우 소중한 자양분이 되었다고 생각한다. 분열하는 열린우리당이 있었으므로 결속하는 더불어민주당이 있는 것이다.

제4장

고통에 대하여

2008~2017

2009년 5월, 야인이었던 나는 나무를 심는 <푸른아시아>의 오기출과 함께 몽골에 있었다. 게르에 머물고 있던 그때 나는 충격적인 뉴스를 들었다. 노무현 대통령이 서거했다는 소식이었다. 나는 그날로 비행기를 타고 장례식에 상주 중 한 사람으로 참석했다. 대통령의 유서에는 '고통'이라는 단어가 적혀 있었다. 대통령이 남기고 떠난 고통이라는 단어가 우리들 마음을 찢어놓았다. 노무현 대통령은 특권과 차별을 부정하고 그것에 도전하는 정치인이었다. 권위주의 정치에 맞서 그걸 청산하고자 했다. 특권 중에는 기득권이 있고 기득권 안에는 지역주의가 있었다. 그는 한나라당의 지역패권주의에도 굴하지 않고 싸웠다. 수도권 중심주의에도 도전해서 대한민국을 서울공화국에서 벗어나도록 애쓴 사람도 그였다. 대한민국 역사에서 권위주의와 지역주의에 맞서 그것들에서 벗어나려는 거대한 흐름을 만들어 놓은 것이야말로 우리에게 선물한 노무현의 가장 값진 유산이다. 그것은 그가 내 마음속에 새겨놓은 유산이기도 했다. 지역주의와 권위주의에 맞서 도전하는 노무현에 대한 부채의식이 있었기 때문에 내가 한나라당을 탈당할 수 있었고, 열린우리당 창당 작업에 참여할 수 있었다. 지금에 이르러서도 그의 죽음이 없었다면 과연 내가 부산에서 정치를 다시 시작할 수 있었을까 생각한다. 내게 도전하라고, 물러 서지 말고 다시 도전하라고 죽비처럼 내게 동기를 부여해준 사람이 바로 노무현이었다.

유시민

누군가는 책임을 져야 하지 않는가

이명박 정부의 탄생과 시대 유감

이쪽이냐 저쪽이냐

뉴라이트의 발호

노무현 대통령의 유산

정계복귀와 제19대 총선

제18대 대선과 박근혜 정부

세월호의 고통

국정농단과 탄핵

유시민

유시민은 여러 친노 인사와 함께 2002년 말에 개혁국민정당을 창당하면서 정계에 들어왔다. 우리는 열린우리당 창당 작업을 함께했다. 나는 당시 열린우리당이 개혁당처럼 권리당원 중심의 정당이 되어야 한다고 생각했고, 당을 만들어가면서 유시민의 생각에 많이 동감하면서 함께했다. 유시민이 하는 이야기는 대부분 맞는 이야기였다. 그러나 지나치게 공격적이었다. 당 소속의 많은 의원이 유시민의 공격에 상처받고 도저히 당을 함께할 수 없노라며 내게 하소연하곤 했다. 그래서 열린우리당의 운명처럼 나와 유시민의 관계도 틀어졌다.

오랜 기간 정치 생활을 하면서 항상 잘했던 것만은 아니다. 못한 일도, 잘못한 일도 적지 않다. 그중에서 후회스러운 일을 하나 뽑자면 유시민 선배에게 내뱉은 독설이다[14]. 인격적으로 나쁘게 몰아붙일 생각은 없었다. 다만 언행을 조심해 달라고, 상대방의 마음을 생각하지 않는 언행으로 말미암아 열린우리당이 불신과 분열에 빠지고 있음을 충언하고 싶었다. 하지만 내 진심을 전하는 데에는 실패했고 그때의 내 말이 그에게 상처가 된 것 같았다. 그리고 내가 표현한 문장이 언제나 유시민 선배를 따라다니니 지금껏 미안한 마음이 든다. 내가 비난했던 그런 방식으로 그를 비난했다는 자책도 한다. 세월이 흐른 지금, 우리는 만나면 서로 한 번이라도 손을 더 만지고 한 주름이라도 더 웃음을 전하지만, 기록에 남아 있는 독 묻은 언어만큼은 지울 수 없으니 안타깝게 생각한다.

당시 열린우리당 의원들은 하고 싶은 이야기가 있으면 한 번 더 신중하게 생각하기보다는 그냥 자유롭게 내뱉는 게 문제였다. 상호 비방하고 공격하느라 격조 있는 토론을 못했다. 상대방에 대한 배려와 신뢰가 그만큼 적은 것이다. 나를 포함해서 우리 모두의 문제였다. 정치란 단순히 세력 싸움에 그치는 게 아니라 사회 통합을 이루어내야 한다. 그러려면 먼저 같은 정당 내에서도 동료를 자극하고 모욕을 주며 그리하여 함께하지 못할 지경에 이르

---

14 2005년 3월 26일, 저자는 열린우리당 당의장 선거에 입후보한 유시민의 언행을 비판하는 글을 자신의 홈페이지에 올렸다. '유시민 동지께'로 시작하는 장문의 공개 서신이었다. 그 글에는 "저도 '저렇게 옳은 소리를 저토록 X가지 없이(죄송) 말하는 재주는 어디에서 배웠을까?' 하고 속으로 생각했던 적이 있다는 것만은 솔직히 고백합니다."라는 문장이 있다. 그 후 '저렇게 옳은 소리를 저토록 싸가지 없게'라는 표현은 유시민에 대한 인물평에서 빠지지 않고 등장하는 계기가 되었다.

도록 해서는 안 된다. 그러나 백년정당을 만들겠다고 큰소리쳐 놓고도 우리는 그런 정당에 어울리는 문화를 갖지 못했던 것이다.

유시민은 2007년 보건복지부 장관으로서 그 어려운 국민연금개혁을 이루어냈다. 당시 보건복지부 직원들은 그를 역대 최고의 장관으로 평가했다. 그는 열린우리당이 해체된 후 몇 번의 정치실험을 더 한 후에 정계를 은퇴했다. 열린우리당의 실패와 이어진 개혁 정치의 좌절로 말미암아 그도 고통스러웠을 것이다. 지금은 노무현재단 이사장을 맡고 있으며 베스트셀러 작가로서 곳곳에서 이름을 날리고 있다. 더 자유로운 영역에서 그의 지성이 더 크게 날개 펴기를 소망한다.

누군가는 책임을 져야 하지 않는가

정권이 망하더라도 그 정권과 함께한 정당까지 망하면 안 된다. 실패와 심판을 겸허하게 받아들이고 다시 부활할 수 있는 준비를 해야 한다. 지지율이 떨어지고 여러 문제가 있었다는 이유로 문을 닫아버리고 다른 당으로 신장개업한다는 것은 책임을 방기하는 것이다. 책임으로부터 도피, 이것이 우리나라 정당의 비극이 끊임없이 되풀이되는 까닭이다. 정치를 혁신하고 새로운 가치를 내세우면서 정당을 바꾸는 것은 용인될 수 있다. 열린우리당의 창당이 그런 시도였다. 하지만 자기만 살기 위해 뛰어내리고 당장의 비판을 회피하려고 당 간판을 바꿔치기한다면, 얼마나 부박한 정당인가. 나는 당시 열린우리당이 해체되고 새롭게 생긴 정당에 대해 그런 생각을 했다.

제3장에서 이야기한 것처럼 나는 열린우리당의 마지막 사무총장이었다. 내 손으로 문을 닫아야 했다. 사무총장이 도장을 찍어야만 문이 닫혔다. 그때 심정은 열린우리당 문을 닫으면 안 된다는 생각뿐이었다. 나는 이 당에 남아 당과 함께 죽고 싶었다. 하지만 그럴 수 없었다. 문을 닫아야만 그다음 정당인 대통합민주신당이 열린우리당의 재산을 가지고 갈 수 있기 때문이었다. 그때 나는 이런 생각을 많이 했다.

— 내가 생각하는 정치는 내 동료들이 생각하는 정치와는 좀 다른 것이구나.

좋은 정치를 하는 게 이렇게 어려운가. 2007년이 되자 사람들이 열린우리당을 탈당하기 시작했다. 여러 차례에 걸쳐 탈당했다. 당대표를 지낸 사람이 제일 먼저 탈당하기도 했다. 그런 게 더 아팠다. 누구도 책임을 지지 않았다. 그해 대통령 선거와 그다음 해 총선에만 관심이 있었다. 내가 당대표도 아니고 무슨 대단한 직위를 가진 사람도 아니지만 그래도 열린우리당을 만드는 과정에서 주도한 사람이기도 했고 마지막 사무총장을 맡은 사람이고 하니 나라도 책임져야겠다고 생각했다. 어떻게 책임을 져야 할까. 국민에게 반성하고 사죄하는 모습을 보여주고 싶었다. 고심 끝에 이듬해 총선에서 출마하지 않겠다며 불출마 선언을 했다.

— 내년 총선에 출마하지 않겠습니다. 열린우리당에 지지를 보내

주셨던 많은 국민에게 직업정치인인 제가 사죄의 뜻으로 바칠 수 있는 가장 큰 번제물이 바로 총선 불출마라고 생각합니다.ᴹ

> 김영춘 주석 M: 그러고 나서 나는 17대 대선에서 문국현 씨를 지지하면서 대통합민주신당을 탈당했다. 이에 대해서는 다시 이야기한다. 한편 내가 불출마 선언을 결심하니 집사람만은 무척이나 반기고 좋아했다.

그 당시 내가 생각하는 참다운 정치인의 태도는 실패를 두려워하지 않으면서 정정당당하게 책임을 질 땐 책임을 지고, 다시 도전할 땐 도전하는 것이었다. 정치공학이 아니라 정치철학에 따라 행동하는 것이었다. 솔직한 반성과 사죄를 하고, 그러면서 대안과 정책을 만들어서 그것으로 국민에게 심판을 받는 것이었다. 그렇게 당당하게 대선과 총선을 치르는 자세였다. 질 때 지더라도 그런 싸움을 하는 게 제대로 된 정당이라고 생각했다. 그러나 사람들은 통렬한 반성과 사죄 없이 당장의 이익만 바라보며 달려갔다. 그러고는 무참하게 졌다.

역시 나는 정치에는 잘 안 맞는 사람인가. 좌절이 깊었다. 마음의 고통이 심했다. 이듬해 부산지역 정치권에서는 내게 제18대 총선에서 민주당으로 출마해 달라는 요구도 있었다. 하지만 나는 국민에게 한 약속을 지키고 싶었다. 제17대 국회의원 임기가 종료되는 2008년 5월 말, 나는 자전거를 타고 전국 일주를 시작했다. 전국의 해안선을 돌았다. 한 달 동안 집에 가지 않고 자전거를 탔다. 해안선을 따라 전 국토를 한 바퀴 도는 해안선 일주 여행이었다.

때때로 전국 곳곳을 걸었다. 사람들을 만났다. 국회의원은 사실 생각할 시간이 별로 없는 직업이다. 상황과 요구에 치여 사는 시간이다. 생각에 골똘할 시간이 별로 없었다. 국회의원 신분도 아니었고 무직이었으므로 자전거 여행을 하면서 나는 모든 것을 내려놓았다. 내리막길에서는 그 빠른 속도에 생각을 할 겨를이 없었다. 반면 오르막길에서는 힘들게 페달을 밟으면서도 오만 가지 생각이 났다. 극한의 어려움 속에서 헉헉거리며 올라가는 데 신기하게도 머리는 전혀 딴판으로 돌아갔다. 그때 수많은 생각이 떠오르고 그것이 서로 연결되면서 내가 겪은 좌절감을 상당히 씻어주었다. 이때 나는 이렇게 기록했다.[15]

— 내가 타인에게 느끼는 불만은 똑같이 다른 사람이 내게 가질 불만이요, 각자가 갖는 결함은 그 모양만 다를 뿐 본질은 크게 다르지 않다. 내가 남보다 조금 더 잘났다 싶어도 길게 보면 오십보백보요, 결국 피장파장이다. 시비심이란 게 얼마나 허망한 것인가. 내 생각의 옳음을 지키기 위해서라도 다른 사람의 생각을 인정해주는 역설의 힘을 깨닫는다. 나의 필요와 남의 필요가 둘이 아닌 하나로 인식된다면, 인간의 욕망이 '이성의 그물망' 안에서 제어되면서 공생하고 공존하는 큰 원칙으로 자리잡을 것이다. 그렇게 된다면 인간세상을 애써 지옥으로 만드는 무한욕망의 질주도 멈추지 않겠는가. 오히려 더 높은 차원으로 큰 문명의 전환이

---

15 김영춘, 〈대한민국 자전거 & 도보여행〉, 세상의모든책들(2011), p232

이루어질 수 있다. 나와 남이 서로 불화하고 적대하는 관계가 아니라 서로 아껴주고 보태줌으로써 하나가 되는, 둘이면서 하나인 인간 존재의 궁극적 단일성을 생각하는 마음, 이런 마음을 유지할 수만 있다면 이 세상의 모든 적대적 불화가 청산될 것이다. 그런 이상향까지는 아니더라도 한결 웃으면서 살아볼 만한 세상이 되지 않겠는가.

대한민국이라는 내 나라에 대한 애정이 샘솟기도 한 게 이때였다. 차로 다닐 때와는 달랐다. 천천히 시속 10km로 도로를 달릴 때 보이는 그 풍경이 말할 수 없이 아름다웠다. 느린 만큼 더 많이 보인다. 느린 만큼 더 많이 사색할 수 있는 게 맞는 말인 것 같았다. 서울에서 출발해서 서해안, 남해안, 동해안, 그리고 제주도까지 팔도를 주유했다. 그러면서 천천히 대한민국 땅과 산하와 바다를 가슴에 심었다. 대한민국이 원래 이렇게 아름다운 나라였구나. 이런 우리 국토를 함부로 훼손하고 막개발하자고 덤벼드는 부나방 같은 개발주의를 어떻게 할 것인가.

그 후 나는 경기도 양평 서종면 서후리에 전세방을 하나 구해 야인생활을 시작했다. 그때 여러 생각을 글로 정리했다. 열린우리당 시절 4년 내내 고민했던 답답한 문제들을 정리해 봐야겠다는 생각이었다. 신자유주의를 어떻게 극복할 것인가, 우리 사회의 발전을 가로막고 있는 병폐들은 무엇이냐, 우리는 어떤 정치를 해야 하느냐 같은 내용이었다. 그것이 나중에 〈나라뒤집기〉라는 책으로 출간되었다. 정치에 관심있거나 입문하려는 사람을 위해서 썼다고는 했지만, 실제로는 스스로 힐링하기 위한 책이었다. 내가 정리된 나를 만나기 위한 책이었다.

이명박 정부의 탄생과 시대 유감

시간을 잠시 다시 돌려 보자. 앞에서 말했던 것처럼 2007년 8월 열린우리당이 문을 닫은 후 나는 고통스러웠다. 그런데 4개월 후에 대통령 선거가 있었다. 새로운 희망을 이야기해야 하는 때였다. 한나라당에서는 이명박 후보가 치열한 경선 끝에 박근혜를 물리치고 대통령 후보로 뽑혔다. 대통합민주신당의 대통령 후보는 정동영 씨가 되었다. 나는 어느 쪽에서도 희망을 찾을 수 없었다. 당시 나는 대통합민주신당에 소속된 국회의원이었지만 지금 양극화로 말미암아 민초들의 삶이 도탄에 빠지고 중산층과 서민들이 점점 더 살기 어려운 현실에서 우리 당 후보를 지지하고 말고가 아니라 이런 현실을 뒤집을 수 있는 희망이 필요했다. 그리고 그런 희망을 이야기할 사람이 필요했다.

— '빅 스피커'가 필요했다.

민주당에서는 정동영 후보가 될 터인데 그분은 당시 내가 고통스러워 하는 민초들의 삶의 문제에 대해 노무현 대통령보다 훨씬 고민이 없는 인물이었다. 추상적인 얘기만 날아다녔다. 나는 이 대통령 선거에서 누군가 새로운 해답을 제시해야 한다고 생각했다. 그리고 당시 문국현 씨가 그런 스피커가 될 수 있으리라 기대했다. 그는 유한킴벌리를 경영하면서 1997년 외환위기 때 매출이 20% 수준으로 떨어지는 상황에서조차 일하는 사람들을 해고하지 않았다. 차라리 기계를 줄여 고용을 유지하면서 사람중심 경영을 이뤄냈다. 기업들이 무너지고 있던 그 어려운 시기에 4조 2교대제를 도입하여 4일 연속 일하고 이어지는 3일은 쉬거나 학습을 하는 근무시스템으로 직원들에게 충분한 휴식과 개인생활을 보장해 주었다. 직원들이 자율적으로 사내 평생학습시스템을 이용하여 공부하면서 노동생산성이 획기적으로 향상되었다. 그러면서 그들은 단순 육체노동자가 아니라 지식노동자로 거듭났다. 이런 특별한 성과를 거두는 한편 비정규직 노동자는 거의 없었다.

문국현은 일찍이 사람중심 경영을 주창한 피터 드러커의 경영이론을 대한민국에 적용하여 모범적인 성공사례를 남겼다. 이런 경영성과를 대한민국 전체에 적용해 보는 것은 어떨까, 그러면 사람중심 경제가 좋은 국가 모델이 될 수 있지 않을까, 지난 십 년 동안 내가 그토록 고민했던 문제 ― 사람에게 효율이라는 이념 아래에 복종하도록 강요한 신자유주의 물결 속에서 심각해진 양극화 문제 ― 를 해결할 수 있는 대안이 되지 않을까, 이런 고민 끝에 나는 문국현 씨를 제17대 대선의 '빅 스피커'로 선택했다. 문국현이라는 사람이 대통령이 되리라 생각한 적은 없었다. 하지만 그가 말하는 '사람중심경제'는 이처럼 당시 내가 고민하는 방향과 일치했다. '사람중심경제'가 광야의 복음처럼 들렸다. 이 복음을 국민들에게 널리 전파해야겠다고 생각했다. 나는 문국현 지지 선언을 했다. 소속되어 있던 대통합민주신당의 대통령 후보가 결정된 후에는 당 밖의 인물을 지지할 명분이 없기 때문에, 나는 서둘러 탈당했다.

― 미래를 준비해야겠다.
― 씨앗을 뿌리자.
― 농사를 시작해야겠다.

2007년 12월 19일 대한민국 제17대 대선에서 이명박 후보가 48.7%를 득표해서 당선되었다. 정동영 후보는 26.1%의 득표율로 낙선했다. 문국현 후보는 137만 표, 5.8%를 득표했다. 대선이 끝난 후 나는 정계를 떠났다. 그러나 이때의 일은 지금도 절반의 성공이라고 생각한다. 사람은 사라졌지만 메시지는 남았다. 그리고 지금에 이르러서는 누구나 '사람중심경제'를 말한다. 18대 대선에서 민주통합당 문재인 후보의 대선 슬로건이 '사람이 먼저다'였다. 시대정신은 그렇게 징검다리를 하나하나 밟고 가서 만들어지는 것이다.

국민들은 이명박 대통령(MB)이 자기들을 잘 살게 해줄 거라 기대해서 그에게 몰려갔지만 천만의 말씀이었다. MB가 누군가를 잘 살게 해준다면 그건 민초들이 아니라 부자들일 거라고, 알 만한 사람은 모두 아는 뻔한 사실이었다. MB 정권은 이념보다는 실사구시하는 자세로 경제와 민생을 살릴 것이라는 기대를 받았다. 그러나 오히려 실사구시하지 않아서 실패한 정권이었다. 나는 MB가 어째서 한반도 대운하에 꽂혔는지 지금도 모르겠다. 그건 누가 봐도 실용적인 생각이 아니었기 때문이었다. 그야말로 개꿈이었다. 그는 관료들이 만들어 놓은 기존의 틀 같은 것에 구애받는 사람이 아니니까 실용적으로 실사구시했다면 좋았을 것이다. DJ가 IT 분야에 초점을 둬서 나라의 미래를 위해 과감하게 투자했던 것처럼, MB도 예컨대 BT 분야에 집중 투자를 해서 새로운 먹거리를 만든다든지 하는 과업을 이루어 냈더라면 좋았을 것을, 철 지난 토목공사만 벌이다 끝났다.

MB는 어려운 환경을 이겨내고 자수성가한 성공담의 주인공이었다. 자수성가한 사람 중에는 두 부류가 있다. 내가 가난한 길을 걸어왔기 때문에 가난한 사람들이 겪는 고통을 누구보다 잘 이해하고 측은지심을 갖고 그들을 도와주는 부류와, 그 어려운 환경에도 굴하지 않고 내가 성공할 수 있었던 까닭은 그만큼 노력했기 때문이라고 생각하면서 가난한 사람들에 대해 측은지심을 갖기보다는 그들의 고통을 노력하지 않은 대가로 치부하고 마는 부류이다. MB가 전자에 해당하는 인물이었다면 정말 좋은 대통령이 되었을 텐데, 참 유감스럽게도 후자였다. 그러므로 MB 치세에 양극화 확대는 당연했다. 능력대로 가는 것이었다. 민초들의 삶은 더 고통스럽지만, 오히려 부자들이 세금 감면을 받는 시절이었다.

이쪽이냐 저쪽이냐

MB 정부는 "서민을 따뜻하게, 중산층을 두텁게"라는 슬로건을 내세웠다. 서민에게는 차가운 정부였다. 중산층을 더 어렵게 만든 정권이었다. 그러나 대기업에는 따뜻했다. 부자들에 대한 혜택은 두터웠다.

외환위기 이후 우리나라는 기업과 노동시장의 효율화와 구조 조정을 최우선 순위로 추진했다. 채권국들과 월스트리트의 이익을 일방적으로 대변한 IMF의 강제적인 권고도 권고였지만, 미국식 경영을 지고지선한 규범으로 받아들인 탓이기도 했다. 그 결과 단기적으로 강화된 대기업의 수출경쟁력 덕분에 수출액이 대폭 늘어나고 경제성장률도 어느 정도 회복되었지만 빛 좋은 개살구였다. 수출이 국내경제에 미치는 효과가 적었고, 좋은 일자리

창출에 기여하는 바도 크지 않았기 때문이었다. 무역의존도만 높아졌을 뿐 내수경제는 엉망인 상황으로 치달았다. 그럼에도 우리 정부는 계속 수출 신화에 목을 매달고 있었다. MB 정부도 마찬가지였다.

수출은 주로 대기업에 의해 이루어진다. 그러면 정부는 대기업의 수출을 용이하게 하기 위해 고환율정책을 견지한다. 환율을 지지하기 위해 수십 조 원의 외환안정기금을 사용하기도 한다. 그 돈은 국민들의 세금으로부터 나온다. 정부와 국민이 수출 대기업을 도와주는 것이다. 물론 중소기업도 수출을 한다. 하지만 그 비중이 1/3 정도에 불과하다. 중소기업의 약 2/3가 대기업에 부품과 소비재, 중간 완성품을 납품하는 하청 관계에 있다. 그런데 중소기업은 생산에 필요한 원자재를 대부분 수입에 의존하는데 고환율지지정책은 수출에는 유리하지만 반대로 수입 원가를 인상시키는 역효과를 빚어낸다. 국민들이 사용하는 수입 생필품의 가격도 인상된다. 하지만 이런 구조에 의해 인상된 중소기업의 생산단가를 대기업이 보전해주지는 않는다. 수입 물가로 인한 국민들의 고통을 누군가 경감해주는 것도 아니다. MB 정부 시절 무역의존도가 역대 어느 정부보다 높아졌다. 그 시절 정부는 고환율정책을 고집했다. 결국 MB 정부는 말로는 대기업과 중소기업의 상생을 외쳤지만, 대기업이냐 중소기업이냐에서 대기업을 선택한 정부였다.

선진국들은 대체로 불황을 맞이하면 간접세를 낮추고 부유층에 대한 직접세를 올려 소비를 진작시키면서 동시에 세수 확보에 차질이 없도록 한다. 2008년 뉴욕발 세계금융위기에 대응하는 영국의 대책은 우선 간접세인 부가가치세를 17.5%에서 15%로 인하하고 고소득자들에 대한 소득세는 인상하는 것이었다. 미국 정부도 중하위층의 세금은 인하하고 고소득층에 대한 세금을 인상함으로써 소비를 진작시키고 세원을 확보했다. 하지만 당시 우리나라 정부는 정반대의 선택을 했다. 2009년부터 소득세와 법인세를 2% 일괄 인하하고 종부세, 양도소득세 등을 대폭 낮춤으로써 결과적으로 소득 상위계층에게 일방적으로 이익이 돌아가는 희한한 경제활성화 대책을 내놓았다. 세금은 적게 내면 적게 낼수록 좋은 것이라고 생각할 수도 있겠다. 하지만 똑같이 적게 내더라도 그것으로 인해 부유층이 더 혜택을 보는 것은 구조적 부조리이다. 소득세 감세가 경기부양에 미치는 효과는 극히 미미하다. 국민들의 절반이 근로소득세 과세 기준 이하의 면제자들이다, 최하위 소득계층에서는 수입보다 당장 지출해야 할 돈이 두 배에 이른다. 그러나 최상위층은 소비하고 지출하고도 자기 소득의 절반이 남는다. 정부가 세금에 관해 혜택을 줄 때에는 이쪽이냐 저쪽이냐를 고심한다. MB 정부는 부자들을 택했다.

뉴라이트의 발호

이명박 정부 시절 '뉴라이트'가 득세했다. 나는 이들이 '올드 라이트'와 하등 다를 게 없다고 생각함에도 어째서 '뉴라이트'라는 이름을 붙이고 활동을 하는지 알 수 없었다. 그럴 듯하게 뉴라이트라는 단어를 활용하려는 정치적 궁리가 있었을 것이다.

뉴라이트는 어떤 사람들인가? 뉴라이트라는 이름으로 전면에 나서 활동하는 사람들은 다양하지만 두 분류가 눈에 띈다. 하나는 과거 민주화운동에 참여했던 사람들이다. 그들은 정치적 민주화로 이미 이룰 것은 다 이루었다는 입장에서 이제 조국을 위해 남은 투쟁은 좌파의 확산을 막는 일이라고 생각했다. 이들은 한결같이 좌파에 대해 잘 모름에도, 한때 곁에서 본 인상 — 굉장히 치밀하고 조직적이라는 인상 —에서 비롯된 선입관을 갖고 있었다. 그래서 그들은 '내가 잘 안다'는 과신에 빠져서는 우리나라 각 계각층에 침투한 좌파의 음모를 걱정한다. 그들은 자신들이 변한 것처럼 과거에 왕성했던 좌파 운동권도 완전히 변했고, 자신들이 맛이 간 것처럼 그들도 맛이 갔다는 사실을 잘 모르고 있거나 인정하지 않으려 했다. 자신들의 의식 안에서 키워온 상상 속의 괴물과 싸우는 격이었다. 의식은 과거에 머물러 있음에도 싸움은 현실에서 한다. 그래서 희극적인 분란을 키웠다. 적대감만 조장하면서 사회통합을 가로막았다. 시대착오적인 극우파의 전형이었다. 또 다른 한 부류는 과거 운동권 출신들이었다. 좌익 사상에 빠졌던 과거의 잘못을 회개하고 그 잘못을 씻기 위해서 반좌파투쟁의 선봉에 서는 사람들이다. 그럴 수도 있겠다. 하지만 무엇을 위해 싸우는가? 그다지 세력도 없고 그다지 영향력도 없는 현재의 좌파에 맞서서? 아니다.

— 이들은 자신들이 지나온 과거와 싸우고 있었다.

어쩌면 자신의 과거를 지우려는 싸움이었는지도 모른다. 그들 중에는 순수하게 과거를 반성하는 차원에서 활동하는 사람도 있었을 것이다. 그렇지만 정치적인 야망의 발로에서 더 철저하게 반좌파 투쟁을 벌이는 것처럼 보이는 사람도 있었다. 양심을 파는 오버액션이었다. 옛 주사파 출신들의 북한민주화운동은 어느 정도 의미가 있겠지만, 거기까지였다. 이명박, 박근혜 정부 시절 이른바 '좌파'에 대한 이들의 적개심은 좌파 정권, 좌파 교사, 좌파 영화인, 좌파 예술가… 등으로 이어졌다. 마치 대한민국이 적화된 사회인 양 행동했다. 촛불 시위에 참가한 사람들, 4대강 사업에 반대하는 사람들을 모두 좌파라고 몰아붙이기도 했다. 박근혜 정부에 이르러서는 더 심해졌다.

이명박 정부 초창기 뉴라이트 사람들이 목소리를 높이던 그 시절 나는 정계에서 물러나 있었다. 당시 나는 그들의 이야기를 들으면서 어처구니없었다. 나는 서구 사회의 프리즘으로는 진보주의자라기보다는 보수에 가깝다. 내가 생각하는 보수는 도덕적이며 합리적이고 개혁적인 보수 정도이다. 그러나 뉴라이트 관점에서는 나는 좌파가 된다. 그때 나는 이렇게 생각을 정리했다.

― 국가는 무엇을 해야 하는가. 나는 우리나라가 열심히 일하는 국민들이 가족 부양에 어려움을 겪지 않는 나라여야 한다고 믿는다. 국가는 국민들의 일할 권리를 보장해야 하고, 국민들은 일한 만큼 최저 생활에 필요한 대가를 받아야 한다. 아이를 낳아 키우고 공부시키는 데 고통을 겪게 해서는 안 된다. 돈이 없어 공부를 못하거나 아파도 치료를 못하는 사회를 만들어서는 안 된다. 스스로의 힘으로 살아갈 수 없는 장애인과 노인들을 국가가 보호해야 한다. 이 나라는 우리 세대 것만이 아니다. 이 나라를 친환경적으로 잘 가꾸고 보존해서 다음 세대에 물려줘야 한다. 이런 국가의 의무를 생각하는 나를 가리켜 좌파라면, 좌파도 좋겠지.

이명박 정부 시절에는 이처럼 뉴라이트가 발호했다. 건강한 사회는 우파적 가치와 좌파적 가치가 함께 공존하고 나란히 발전하는 사회이다. 그들에게는 그런 인식이 없었다. 뉴라이트도 자유를 말한다. 그러나 내가 생각하고 행동할 자유만 있고 타인들의 자유에 대해서는 국가의 이름으로 억압하려는 자유는 가짜이며, 자유주의의 적이다.

— 한편 박근혜 정부는 뉴라이트보다 그 정도가 훨씬 심한 태극기 부대를 낳았다.

노무현 대통령의 유산

몽골에서 나무 심는 일을 하는 중학교 동창이 있다. 그는 지금도 사막화를 막고 생태복원을 하겠다는 일념으로 몽골에서 나무를 심고 가꾼다. 2009년 5월, 야인이었던 나는 나무를 심는 <푸른아시아>의 오기출과 함께 몽골에 있었다. 게르에 머물고 있던 그때 나는 충격적인 뉴스를 들었다. 노무현 대통령이 서거했다는 소식이었다. 나는 그날로 비행기를 타고 장례식에 상주 중 한 사람으로 참석했다. 대통령의 유서에는 '고통'이라는 단어가 적혀 있었다. 대통령이 남기고 떠난 고통이라는 단어가 우리들 마음을 찢어놓았다.

노무현 대통령은 특권과 차별을 부정하고 그것에 도전하는 정치인이었다. 권위주의 정치에 맞서 그걸 청산하고자 했다. 특권 중에는 기득권이 있고 기득권 안에는 지역주의가 있었다. 그는 한나라당의 지역패권주의에도 굴하지 않고 싸웠다. 수도권 중심주의에도 도전해서 대한민국을 서울공화국에서 벗어나도록 애쓴 사람도 그랬다. 대한민국 역사에서 권위주의와 지역주의에 맞서 그것들에서 벗어나려는 거대한 흐름을 만들어 놓은 것이야말로 우리에게 선물한 노무현의 가장 값진 유산이다. 그것은 그가 내 마음속에 새겨놓은 유산이기도 했다. 지역주의와 권위주의에 맞서 도전하는 노무현에 대한 부채의식이 있었기 때문에 내가 한나라당을 탈당할 수 있었고, 열린우리당 창당 작업에 참여할 수 있었다. 지금에 이르러서도 그의 죽음이 없었다면 과연 내가 부산에서 정치를 다시 시작할 수 있었을까 생각한다. 내게 도전하라고, 물러 서지 말고 다시 도전하라고 죽비처럼 내게 동기를 부여해준 사람이 바로 노무현이었다.

그러나 정치를 잘하는 분은 아니었다. 신념에 따라 행동하며 인간적이며 솔직한 매력이 있었으나 정치력은 부족했다. 그의 솔직하고 돌발적인 행동은 오히려 집권 내내 그를 괴롭혔다. 2005년 6월 노무현 대통령은 대연정 제안을 발표했다. 열린우리당과 한나라당이 연립정부를 구성하고 선거구제를 개편해서 지역주의를 타파하자는 제안이었다. 이것을 실행할 수만 있다면 대통령직도 내놓겠다고 말했다. 느닷없는 대통령의 발언에 많은 사람이 아연실색했다. 한나라당은 조롱과 비난으로 화답했고 열린우리당도 대통령의 돌발 제안에 반대했다. 나도 반대했다. 그러나 청와대에 가서 대통령의 진심과 대한민국을 위한 그의 충정을 듣고 생각을 바꿨다. 대연정은 지역으로, 이념으로 분열되어 온 과거 역사를 되풀이하면 이 나라의 운명도 어려워진다는, 국민통합에 대한 고민의 결정체였다. 노무현의 고민은 열린우리당보다 앞서 있었다. 하지만 그는 진심을 전하는 데 서툴렀다. 노무현 대통령은 시간을 두고 논의하면서 충분히 숙성시키는 일은 잘 못했다. 노무현 특유의 성정 때문이기도 하고 그분의 정치적인 단점이기도 했다. 사전에 서로 믿을 수 있는 물밑 특사가 왔다갔다하면서 한나라당과 사전 교감을 했다면, '이게 뭔가 야로가 있다', '음모가 있다', '넘어가면 안 된다'라는 오해를 일으키지 않았을 터인데, 그는 그런 일에 서툴렀다. 사회통합을 진심으로 염원하면서도 그 통합을 이루는 정치에는 생각이 없는 분이었던 것이다. 게다가 당시 상대방이 정치를 모르는 박근혜였다. 운도 나빴다.

나는 친노는 아니었다. 친노를 비판할 때도 있었다. 하지만 열린우리당의 영광을 친노와 함께했고 침몰하는 열린우리당을 함께 끝까지 지켰던 사람들도 친노였다. 노무현의 정신은 '친노'라는 정치세력이 성장하는 자양분이 되었다. 그러나 노무현 대통령의 유산은 우리들 모든 이의 마음속에 있다. 지역주의를 타파하고 권위주의에 맞서며 지역분권을 실현하려는 그의 정신은 여전히 대한민국 곳곳에서 계승되고 있으며, 계승해야 한다. 대통령의 죽음 후 얼마 지나지 않아 나는 노무현이 가려고 했던 그 길을 향해 '이어달리기'를 해야겠다고 결심했다.

정계복귀와 제19대 총선

스스로를 열린우리당의 실패에 대한 변제물이라고 생각하면서 정치를 떠나 야인생활을 하던 나는 정치를 완전히 떠나서 자연과 평화롭게 어울리는 인생을 생각한 적이 있었다. 시골에서 소목수 생활을 히면서 글을 쓰며 사는 것도 좋지 않을까…. 하지만 2009년 노무현 대통령이 서거한 후 생각을 더 분명히 정리해야겠다는 마음에 경기도 양평에서 주말마다, 또 짬이 날 때마다 혼자 공부하고 생각하면서 책을 썼다. 그렇게 가치관을 재정립하니 다시 정치를 시작할 에너지를 회복한 것 같았다. 주인의 마음으로 정치를 해야 한다. 손님에 대한 반대와 부정으로 이익을 보는 게 아닌, 자기에서 비롯된 주장과 긍정이 필요하다. 2010년 여름 무렵에 민주당 정세균 대표가 내게 정계 복귀를 요청했다. 마침 과거 지역구였던 서울 광진(갑)구 지역위원장 자리가 비어 있었다.

내게 그 자리로 다시 돌아와 민주당으로 복귀했으면 좋겠다는 말씀이었다.

— 참 고맙습니다만, 아직은 못하겠습니다.

나는 사양했다. 정세균 대표에게는 미안했지만, '손님' 실수에 기대 서울 지역구에 돌아가는 것이 마뜩잖았고 철학과 노선 중심의 정치가 아니라 정권의 잘못에 편승해서 목소리를 높이는 그런 정치는 하고 싶지 않았다. 나 스스로의 명분이 필요했다. 그러다가 2010년 7.28 재보궐선거[16]에서 민주당이 패배한 후 그해 10월 손학규 씨가 당대표로 선출되었다. 그는 야인생활을 하고 있는 나를 지명직 최고위원에 임명하려고 했다. 손학규가 내게 넌지시 말했다. 부산에 가서 다시 정치를 하면 어떠냐는 것이었다. 그게 최고위원 임명 조건은 아니라면서. "전국정당을 한번 만들어 봅시다. 당신이 좀 앞장서 주시오. 광주사람들이 나를 당대표로 만들었는데, 내가 정세균, 정동영 이 두 분에 비해 조직도 약하고 돈도 없는 사람이잖소. 그럼에도 내가 대표가 된 건 광주사람들이 밀어줬기 때문입니다. 호남 사람들은 내가 민주당을 집권당으로 만들어 주기를 소망하는 것이고, 내가 받은 소명감 때문에 나도 우리 당을 전국정당으로, 집권당으로 만들어야겠어요. 그러니

---

16 8명의 국회의원을 새로 뽑는 재보궐 선거였다. 당시 민주당이 승리할 것이라는 예상을 깨고 한나라당이 5석을 얻어 승리했다. 은평구 을에서는 이명박 대통령의 최측근인 이재오가 당선되었다. 충북 충주시에서도 한나라당의 윤진식이 당선되었다.

당신이 도와줬으면 좋겠소." 나는 그 자리에서는 확답을 하지 않았다. 그러나 속으로는 이렇게 생각했다.

― 아, 이건 거부할 수 없는 숙명이겠구나. 부산에 가야겠다.

나는 가족들과 상의했다. 그러고 나서 가족들의 반대에도 불구하고 다음날 손 대표에게 화답했다. 야인생활을 청산하고 민주당에 복당했다. 지명직 최고위원 자격으로 정계에 복귀한 것이다. 복당하면서 아예 이듬해 총선거에서는 부산에서 출마하겠다고 선언했다. 부산의 어디를 지역구로 선택할지가 고민이었다. 사람들은 젊은 유권자가 많은 해운대구를 추천하기도 했고, 일명 낙동강 벨트 지역이며 민주당의 전략지구이기도 한 사상구, 사하구, 북구 쪽의 지역구를 권했다. 하지만 나는 내가 태어나고 자란 내 고향에 대한 로망이 있었다. 스무 살 무렵부터 서울 생활을 했으므로 오랜 세월 고향에서 벗어나 있었지만 내 나이 사십에 이르기까지 어렸을 적 친구들과 뛰어다니던 그 골목과 초등학교 주변에 대한 꿈을 꾸곤 했다. 부산 한복판 부산진 갑[17]이다. 부산 원도심인 그곳은 노인 인구가 많고 보수세가 강한 곳이다. 사람들은 민주당 간판으로는 이곳에서 당선은 어렵다고 말했다. 나도 그렇게 생각했다. 그렇지만 나는 주제넘고 바보 같게도 과잉 책임감 같은 게 있다. 민주당으로는 당선이 어려운 탓에 다른 곳과 달리

---

17 부산진구 갑 지역구는 당감동, 범전동, 부전동, 부암동, 양정동, 연지동, 초읍동으로 이루어진 지역구이다. 부산의 중심지인 서면이 있는 곳이기도 하다.

인재를 영입하기 힘든 곳이고, 그러므로 내가 아니면 승부를 해볼 사람이 없을 것 같았다. 내가 자란 부산진 갑에서 부산 정치인으로 새로운 정치를 결심했다.

정계복귀 후 치러진 2011년 4월 27일 재보궐선거와 10월 26일 재보궐 선거에서 민주당이 승리했다. 그해 나는 6월경 처음으로 부산에 작은 집을 구해 정착하기 시작했다. 2012년에 있을 총선을 준비하기 위함이었다. 지역구 사람들을 만났다. 내가 자란 동네였지만 친구들은 모두 동네를 떠나 다른 곳에 살고 있었다. 완전히 새롭게 시작해야만 했다. 서울에서 열리는 민주당 최고위원 회의에 출석하면서 매주 3회 부산을 왕복했다.

가족이 함께 부산으로 이사 가는 것을 두고 아내와 아들이 처음에는 반대했다. 아내가 내게 말했다. 그렇게 노력한 끝에 광진구에서 기반을 잘 닦아 놓고서는 왜 부산으로 내려가느냐. ― 나에 대한 걱정이었다. 부산에는 아는 사람이라곤 딱 한 명밖에 없는데 어떻게 생활하느냐. 이번에는 자기 자신에 대한 걱정이었다. 그리고 그 '딱 한 명'이 '시어머니'였다. 또, 남들은 부산에서 국회의원하면서도 자녀들은 서울 학교에 보내는데 어째서 우리는 거꾸로냐. 자식에 대한 걱정이었다. 광진구에서 나고 자란 중학교 1학년생 아들도 서울 친구들과 헤어지고 새롭게 적응해야 하니 좋아할 리 없었다. 이듬해 아내는 혼자 고생하는 남편과 함께하기 위해 아들을 달래며 부산으로 이주했다. 아들도 씩씩하게 적응했다. LG 트윈스를 응원하다가 롯데 자이언츠 — 나는 그 시절, 아들에게 LG는 사실 롯데 자이언츠의 준말이라면서 달래기도 했다 —를 응원하는 소년이 됐다. 그러나 이 녀석이 고등학교 졸업 후 어느 날, 자기는 서울에서 부산으로 내려와 적응하는 게 정말 어려웠다며 눈물을 흘리면서 자기 힘든 나날들을 토로했는데 그때 아비로서 마음이 참 아팠다. 지금도 아들을 생각하면 미안하다.

2012년 4월 11일 제19대 국회의원 선거가 치러졌다. 새누리당[18]이 152석으로 과반을 차지하며 승리했다. 소위 '친박'이 여권의 새로운 주류로 등장했다. 야당인 민주통합당은 127석을 얻어 81석에 그쳤던 제18대 총선보다 많은 의석을 얻었다. 민주노동당과 국민참여당이 합친 통합진보당이 13석을 획득했다. 지역구도는 여전했다. TK는 여당인 새누리당 후보들이 한 석도 빠짐없이 당선됐다, 반면 호남에서는 한 석도 잇지 못했다. 호남을 석권한 민주통합당은 부산경남에서 3석을 얻었으나 대구경북에서 한 석도 당선되지 못했다. 부산 사상구에서 문재인 후보가 당선되었다. 부산진 갑에서 나는 삼천 몇백 표 차이로 낙선했다. 낙선보다 고통스러운 것은 지역주의를 무너뜨리지 못했고, MB 정권의 실정을 선거로 심판하지 못했으며, 새누리당에서 총선을 지휘한 박근혜가 대통령이 되는 기반을 마련했다는 점이었다. 한나라당과 새누리

---

18 2011년 10.26 재보궐선거에서 패배하자 당시 박근혜 비상대책위원장을 중심으로 당명을 한나라당에서 새누리당으로 변경했다. 이때부터 박근혜가 당권을 쥐었다. 당의 상징색은 파랑에서 빨강으로 바뀌었다.

당이 무슨 차이가 있는가. 이명박 정권에서 박근혜 정권으로 바꾼다고 무엇이 달라지는가. 이 나라를 어떻게 뒤집을 수 있을까.

제18대 대선과 박근혜 정부

2012년 12월 19일 대한민국 제18대 대통령 선거가 있었다. 민주통합당에서는 문재인, 정세균, 김두관, 손학규 네 분이 대통령 후보로 나섰다. 그때 나는 손학규 캠프의 전략기획본부장을 맡았다. 인연과 의리 때문이었다. 문재인 후보가 민주당의 대통령 후보로 선출되었다. 문재인 후보는 19대 총선에서 처음 국회의원에 당선됐다. 그게 얼마 전 일이었다. 말하자면 정치신인이었다. 그때 문재인 캠프는 여러모로 서툴렀다. 당을 선거 캠프의 중핵으로 삼지 않았다. 선거에 임하는 여러 조직 중 하나, 즉 원오브뎀One of them으로 당을 간주했던 것인데, 그러다 보니 당 조직이 총동원되지 못하는 문제가 생겼다.[N] 그게 실패의 한 요소였을 것이다.

<small>김영춘 주석 N: 열린우리당의 실패를 학습한 후 더불어민주당에서는 당을 내부에서 흔드는 일이 사라진 것처럼, 2012년 대선의 실패</small>

를 학습한 후 2017년 대선에서는 당 중심으로 선거를 치렀고 승리했다.

당시 문재인 캠프와 달리 박근혜 캠프는 선거를 잘 준비하고 잘 치렀다. 박근혜 본인은 대통령으로 준비가 전혀 안 된 인물이었지만 선거는 잘 준비했다. 김종인 씨를 영입해서 경제민주화 화두를 던졌으며 야당 성향의 중간층 일부도 흡수하는 데 성공했다. 물론 그것이 허구이며 국민 사기극에 불과했음이 나중에 판명되기는 했으나 어쨌든 선거 캠페인만은 잘했다. 새누리당의 박근혜 후보가 110만 표 차이로 민주당의 문재인 후보를 누르고 대통령이 되었다.

박근혜 정부에 대해서는 별로 평가할 게 없다. 딱히 나라를 위해 벌인 일이 없다. 이명박 정부는 비록 논란이 있었지만 그래도 4대강 사업을 벌인다거나 자원개발 사업을 벌이기도 했다. 그러나 박근혜 정부는 집권 4년간 무엇을 했는지 모르겠다. 창조 경제 이슈를 내걸며 전국 17개 창조경제혁신센터를 만들고 재벌기업을 붙여서 지원하게 했지만, 그게 제대로 잘 작동해서 성과를 만들어냈다는 소식은 들은 바가 없다. 창조경제라는 말은 좋다. 하지만 그것은 국가 산업의 저변을 혁신하고 뿌리까지 새롭게 하여 생태계를 만들어내는 일이다. 지역마다 센터를 만들고 재벌들로 하여금 지원하라고 강제하는 것만으로 될 문제는 아니었다.

정치적으로 박근혜 정부는 더욱 문제였다. MB 정부는 실용주의 노선을 추구하기도 했고, 이념의 노예는 아니었다. 반면 박근혜 정부는 이념적이었으며 극우정권이었다. 대한민국의 정치사는 독재와 싸워 민주주의를 이뤄내면서 권위주의 문화를 청산하는 기나긴 과정이었다. 그러나 박근혜 정부는 권위주의로 역사를 다시 과거로 되돌려버린 과오를 저질렀다. 박근혜가 정치를 한 이유는 대부분의 정치인들과 달랐다. 아버지의 복권 때문이었다. 70년대 유신체제에 대한 그리움이었다. 바로 그 지점에서 박근혜 정부의 운명이 예정되어 있었는지도 모른다. 박근혜 정부가 대한민국에 남긴 유산은 과거가 만든 유령이자 면면히 내려오는 극우보수의 단면을 극적으로 보여주는 '태극기 부대'뿐이었다.

최근 미래통합당에서 당명을 바꾼 <국민의힘>은 박근혜 정부의 유산과 거리를 두려고 노력하는 것 같다. 얼마나 성공할지는 모르겠지만, 과거의 극단적인 세력과 단절하는 일, 합리적인 보수로, 새로운 보수로 변모하는 일은 매우 중요하다. 한국사회의 많은 고통은 거기에서 시작되었기 때문이다. <국민의힘>이 태극기 부대를 포함한 극우세력과 단절하는 것은 대한민국의 진정한 선진화를 위해서라도 반드시 거쳐야 하는 단계이고, 또한 해결해야 할 숙제라고 생각한다.

세월호의 고통

2014년 4월 16일, 나는 그날 그 시각 부산 연제구 거제동에 있는 거제시장에서 선거운동을 하고 있었다. 그때 나는 민주당 부산시장 후보였다. 시장 골목에서 사람들이 웅성거리며 TV를 보고 있었다. 나는 무리들 틈에 껴서 가게 안에 켜져 있는 TV 화면을 봤다. 배가 기울어져 있었다. 이게 도대체 무슨 일인가. 그러자 시장 사람들이 말했다.

— 다 건졌대요.
— 모두 구했대요.

— 다행이다.

그렇게 생각하고 나서 나는 다시 골목으로 나와 선거운동을 이어서 했다. 그런데, 그게 아니었다. 오보였다. 비극이었다. 엄청난 참사였다. 세월호가 바닷속으로 침몰하면서 삼백 명이 넘는 생명을 잃고 말았다. 해경이 구조를 못했다. 단원고 학생 이백사십팔 명이 목숨을 잃었다. 영원히 돌아오지 못하는 수학여행이 되고 말았다. 두 명의 학생이 실종되었고 끝내 시신을 찾지 못했다. 이 비극적인 아픔을 어떻게 말로 다 설명할 수 있을까. 우리는 어린 학생들과 선생님, 그리고 승객들이 아무런 구조도 받지 못하고 죽어가는 과정을 생방송으로 지켜봤던 것이다. 왜, 선장은 승객들을 대피시키지 않고 자기만 먼저 탈출했는가. 왜, 해경은 현장에 출동했음에도 불구하고 배 안의 승객들에게 대피하라고 지시하지 않았는가. 왜, 해경은 배 안으로 들어가서 구출할 생각을 하지 않았는가. 그해 5월말 나는 야권후보 단일화를 위해 부산시장 후보를 사퇴한 후 아내와 함께 둘이서 세상에서 가장 슬픈 항구인 팽목항에 갔다. 그때 그 바다를 생각하며 죽은 원혼들을 위해 기도했다.

나는 그 후 세월호 참사가 발생한지 3년이 지난 2017년 6월부터 22개월 동안 해양수산부 장관을 맡았다. 세월호가 침몰한 지 꽤 오랜 시간이 지나고 말았다. 장관에 취임한 후 외청인 해경 업무보고를 받았다. 업무보고를 받으면서 그 자리에 참석한 해경 간부들에게 물었다.

— 세월호가 침몰할 때 어째서 해경은 구조를 서두르지 않았습니까? 어째서 배 안에 있는 사람들을 구조하지 않았습니까?

좌중이 조용했다. 그때 누군가 이렇게 답했다.

— 당시 저희 해경 매뉴얼에는 입수해서 사람들을 구조하는 규정이 없었습니다.

화가 났다. 국민의 다급한 목숨을 구하는 데 무슨 매뉴얼이 필요하단 말인가. 나는 다음과 같이 말한 후 해경의 업무보고를 중단시키고 자리에서 일어났다.

— 당시 민간인들은 매뉴얼이 있어서 사람들을 구조했던 것입니까? 무슨 말 같지 않은 이야기를 하시는 겁니까?

해양수산부 장관이 되고 나서 유가족을 만나 위로를 전하고 사건 현장과 팽목항과 인양된 세월호가 옮겨진 목포신항에도 여러 번 방문했다. 해수부는 불신과 공격의 대상이었으므로 장관으로서 그걸 감당해야 했다. 이미 시간이 지난 일이었지만 나는 세월호 사건에 관해서는 계속해서 철저히 진상을 조사하라고 지시했다. 그리고 세월호 특조위 활동을 방해했던 해수부 간부들을 검찰에 수사의뢰했다. 결국 2명이 구속되었다. 세월호 침몰사건을 마무리 짓는 것이 내 숙제였다. 해양수산부 장관 22개월 동안 내

내 세월호 사고는 내게 현재진행형이었다. 그러나 의문이 말끔히 해결되지는 않았다. 해수부 장관까지 했던 사람이 해답을 이야기하기는커녕 여전히 의문을 갖고 있다는 게 이상하게 들릴지도 모르겠다. 그러나 조사를 해도 원천적으로 알 수 없는 문제가 있었다. 자기만 살려고 아이들을 버리고 나온 선장과 승무원들의 양심 그 속까지는 알 수 없었다. 또한 그 당시 권력에 의해 진상을 덮으려고 했던 문제가 있었다. 세월호 사고를 덮어버리려고 했던 자들과 세월호특별조사위원회 활동을 무력화시켰던 자들이 있었다. 그러므로 이것은 여전히 이어지는 역사이다.

세월호, 아물지 않는 이 시대의 고통이다.

국정농단과 탄핵

"우리나라의 권력 서열은 최순실이 1위, (그 남편인) 정윤회가 2위이며 박근혜 대통령은 3위에 불과하다." 2015년 1월 동아일보 기사에서 인용된 박근혜 정부 대통령공직기강비서관실의 박관천 행정관의 증언이었다. 그때까지만 해도 그 진상이 알려지지 않았다. 2016년 7월 미르재단과 K스포츠재단 모금과정에서 청와대가 개입했다는 TV조선 보도가 나왔다. 한겨레신문은 2016년 9월 20일자 보도로 미르재단과 K스포츠재단은 최순실이 관여했다고 보도했다. 10월 19일 JTBC 뉴스룸은 최순실이 박근혜 대통령의 연설문을 손보는 일을 즐겼다는 최순실 측근 고영태의 증언을 보도했다. 10월 24일 JTBC 뉴스룸은 최순실이 버리고 간 태블릿 PC 자료라며 최순실이 마흔네 개의 대통령 연설문을 사전에 받았다고 후속보도를 냈다. 비선실세의 국정농단이 나라 전체를 뒤엎었다. 박근혜 퇴진을 요구하는 촛불집회가 열리기 시작했다. 시국선언이 이어졌다. 대통령의 지지율은 역대 최저치인 5%로 폭락했다.

나는 처음 광화문에서 촛불집회가 개최될 때 대통령이 탄핵될 거라고는 생각하지 못했다. 그런데 촛불집회에 나갈 때마다 사람들이 점점 더 많이 모였다. 추위에도 지치지 않고 더 많은 사람들이 모여들었다.

— 경이로웠다.

처음에는 예감하지 못했지만, 이 작은 촛불들이 모여 거대한 역사의 장벽을 허물겠구나라는 생각이 들었다. 수많은 사람이 정부를 규탄하고 대통령 탄핵을 주장하면서 광장에 모여들었으나 폭력시위에 대한 염려는 없었다. 시민들 스스로 현장을 통제하고 집회를 평화적으로 이끌어갔다.

— 형용모순이지만, 축제처럼 정부를 규탄했다.

모 새누리당 의원에게 말했다. "여당에서 먼저 대통령을 하야시키는 게 낫지 않겠습니까. 그게 더 명예로운 수순입니다. 안 그러면 탄핵됩니다." 그러나 스스로 물러나는 것은 박근혜라는 인물에게는 어려운 일이었다. 대통령은 세상과 동떨어져 살아온 사람이었다. 1979년 10.26 사건 이후 청와대를 나와서 20년 동안 혼자만의 성에 갇혀 있던 사람이었다. 세상 사람과 밀접한 교감을 나누고 함께하는 경험이 없었다. 인간 박근혜로 정치를 시작한 것이 아니라 박정희의 딸로, 부모의 후광으로, 박정희 왕조의 공주로 대통령이 된 것이었으므로, '내가 뭘 잘못했는데?'라는 생각이 머리에 꽉 차 있을 수밖에 없었다. 이런 박근혜 대통령의 말로는 필연적이었다. — 내가 도대체 뭘 잘못했는데? 2016년 12월 9일 국회는 대통령 탄핵소추안을 재적의원 300명 중 234명의 찬성으로 가결했다. 새누리당 의원들이 찬성표를 많이 던졌다. 그들도 충심으로 나라를 걱정했던 것이다. 이어 2017년 3월 10일 헌법재판소는 재판관의 전원 일치 결정으로 대통령 박근혜 탄핵소추안을 인용했다. 박근혜는 대통령직에서 파면됐다. 비선실세 최순실의 국정개입으로 말미암은 국정농단 사건이 결국 대통령 탄핵으로 이어졌다. 국정농단 사건으로 기소된 최순실은 징역 18년이 확정됐다. 대통령직에서 탄핵된 박근혜는 징역 20년을 선고받았다.

당시 우리 국민들은 추운 겨울임에도 거리로 나갔다. 저런 사람을 대통령으로 둬서는 이 나라 국민으로서 떳떳하게 살 수 없다는 생각 때문이었다.

제5장

희망에 대하여

2014~2020

대한민국은 서울공화국이다. 모든 것이 서울에 집중되어 있다. 지방 경제는 수도권에 의존해서 연명한다. 자원만 서울에 집중된 것이 아니다. 우리나라 모든 모순이 이곳에 다 집중된다. 필연적으로 문제가 발생할 수밖에 없다. 주거 문제가 발생했다. 이것이 부동산 파동으로 악화되었다. 아파트는 단순한 주거지가 아니라 재산증식의 수단이 되었다. 부를 늘릴 수 있다는데 지방에 있는 부자들이 가만히 있을 리 없다. 그들도 부를 끌어모아 강남 부동산에 투자한다. 이처럼 부는 구조적으로 서울에 집중될 뿐만 아니라, 자발적으로도 집중되는 것이다. 그러면 그럴수록 지방은 껍데기만 남고 서울에는 양극화 문제가 더욱 집약된다. 이런 문제를 어떻게 해결할 것인가. 정부는 각종 규제정책을 발표하며 중앙 차원에서 이 문제를 해결하려고 애쓰지만, 이 사태가 자원의 무분별한 서울 집중으로 오랫동안 퇴적되어 일어났으므로 이런 원인을 살펴보지 않는 한 문제는 해결되지 않을 것이다. 감춰진 문제를 함께 봐야 한다. 서울공화국의 문제는 서울공화국에서 해결할 수 없다. 서울에 집중된 자원을 서둘러 분산시켜야 한다. 어려운 얘기가 아니다. 지방을 잘 살게 만들면 된다. 답은 지방에 있다. 그러나 유감스럽게도 서울 사람들은 이것을 잘 모른다.

서울공화국
2014년 부산시장 선거
오륙도 연구소
제20대 총선과 권토중래
어쩌다 이 지경이 되었는지
제19대 대통령 선거
장관님, 도와주십시오
어째서 어촌을 포기하는가
죽느냐 사느냐의 문제
부울경 메가시티론
제21대 총선 그리고 낙선
국회 사무총장을 맡으며
코로나19 이후의 정치

서울공화국

3대 양극화가 있다. 첫째, 부자와 빈자의 양극화이다. 2000년대 들어 가진 자와 없는 자 사이의 양극화가 더욱 심해졌다. 88만원 세대에서 금수저 신화와 흙수저의 절망까지 우리 사회를 고통스럽게 만드는 양극화이다. 이건 누구나 다 안다. 나머지 두 개의 양극화에 대해서는 사람들이 그다지 주목하지 않는다. 그 두 번째가 대기업과 중소기업의 양극화이다. 고용과 내수시장의 활성화에 미치는 비중은 대기업에 비해 중소기업이 훨씬 크다. 그럼에도 불구하고 중소기업은 점점 더 어려움을 겪는다. 경제는 구조적으로 대기업 중심으로 돌아간다. 이 문제를 조금 더 깊이 들여다 보면 세 번째 양극화 문제가 보인다. 지방에는 수많은 중소기업이 있으나 이들로부터 벌어들이는 잉여가 대기업 본사가 있는 서울로 흘러들어 간다. 경제적인 자원과 인재와 세금이 서울로 빨려 든다. 그러면서 지방은 점점 왜소화된다.

― 세 번째 양극화는 서울과 지방의 양극화이다.

이런 양극화는 정치적인 문제이다. 정치가 그 문제를 해결할 수 있는 유일한 열쇠이기 때문이다. 하지만 한국 정치가 양극화 문제를 해결할 수 있을 정도로 선진적이지는 못하다. 어째서 한국 정치가 후진적일까? 3대 양극화 문제가 악화일로에 있음에도 어째서 패배자처럼 구경만 하고 있거나 언 발에 오줌 누기 식의 정책만 말할 뿐일까? 여러 이유가 있을 것이다. 우선 나는 한국 정치의 후진성의 기본 원인이 지역주의 정치에 있다고 생각한다. 지역주의 정치를 악용하는 정치 세력 때문이다. 그런데 역설적이게도 그런 정치가 만들어낸 결과물이 지방의 쇠락이었다. 정치인의 진심과 노력보다는 그 정치인이 소속된 정당으로 당락이 결정되는 구조가 지속된 탓에 그 오랜 세월 동안 지역 발전을 추동할 정치적 동력을 잃어버렸다. 그러는 사이 대한민국의 모든 자원이 서울에 집중되면서 수도권은 점점 더 비대해졌다. 수도권이 비대해질수록 지방은 점점 더 왜소해졌다. 한국 정치가 후진적인 두 번째 이유는 중앙 중심, 서울 중심의 사고방식이 너무 깊어서 사람들이 서울의 문제는 항상 심각한 문제로 과대평가하고 지방의 문제는 늘 심각하지 않은 문제로 과소평가하기 때문이다. 물론 지방자치라는 게 있다. 그러나 경제적인 자원의 배분과 세금의 분배라는 관점에서는 껍데기만의 지방자치에 불과하다. 걷어들인

만큼 나눠주지 않는다. 주요한 권한은 언제나 중앙이 쥐고 있다.

— 대한민국은 서울공화국이다.

모든 것이 서울에 집중되어 있다. 지방 경제는 수도권에 의존해서 연명한다. 자원만 서울에 집중된 것이 아니다. 우리나라의 모든 모순이 이곳에 다 집중된다. 필연적으로 문제가 발생할 수밖에 없다. 주거 문제가 발생했다. 이것이 부동산 파동으로 악화되었다. 아파트는 단순한 주거지가 아니라 재산증식의 수단이 되었다. 부를 늘릴 수 있다는데 지방에 있는 부자들이 가만히 있을 리 없다. 그들도 부를 끌어모아 강남 부동산에 투자한다. 이처럼 부는 구조적으로 서울에 집중될 뿐만 아니라, 자발적으로도 집중된다. 그러면 그럴수록 지방은 껍데기만 남고 서울에는 양극화 문제가 더욱 집약된다. 이런 문제를 어떻게 해결할 것인가. 정부는 각종 규제정책을 발표하며 중앙 차원에서 이 문제를 해결하려고 애쓰지만, 이 사태가 자원의 무분별한 서울 집중으로 오랫동안 퇴적되어 일어났으므로 이런 원인을 살펴보지 않는 한 문제는 잘 해결되지 않을 것이다. 감춰진 문제를 함께 봐야 한다. 서울공화국의 문제는 서울공화국에서 해결할 수 없다. 서울에 집중된 자원을 서둘러 분산시켜야 한다. 어려운 얘기가 아니다. 지방을 잘 살게 만들면 된다.

— 답은 지방에 있다.

그러나 유감스럽게도 서울 사람들은 이것을 잘 모른다. 가령 오늘날 부산에서 가장 뜨거운 이슈가 '가덕도 신공항' 문제인데, 서울 사람들은 이렇게 생각할 것이다. '왜 지방에 큰 공항이 필요해?', '인천공항에서 갈아타면 되지.' 그러면서 은연 중에 인프라든 무엇이든 수도권에 집중되어 있는 구조를 당연하게 여기면서 지방의 요구에 관해서는 '굳이 그럴 필요 있는 거야?'라고 생각하는 것이다. 그것이 지방에서는 절박한 문제임에도…. 서울은 주로 3대 양극화의 수혜자 의식을 갖고 있으면서도 한편으로는 서울 내부에서 곪고 있는 문제를 스스로 해결하지 못하고 다른 한편으로는 양극화의 박탈자 위치에 있는 지방의 고통을 외면한다. 비단 부산만의 이야기가 아니다. 광주 전남도, 대구 경북도 마찬가지다. 서울에서 멀면 멀수록 더 힘들어진다. 서울공화국에서는 호남과 영남의 구별이 크지 않다.

한편 '딱 먹고 살 만큼의 돈'이라는 말이 있다. 대기업과 전속적인 계약관계에 있는 중소기업들에게 대기업은 딱 그 정도의 돈을 준다. 그래도 먹고는 살게 해주니까 인내한다. 이러한 중소기업의 '인내력'을 대기업은 자기 경쟁력으로 삼는다. 그래서 정운찬 씨나 김종인 씨 같은 보수적인 사람조차 대기업과 중소기업의 상생과 이익공유를 이야기하는 것이다. 지방에서 일하는 사람들이 '서울공화국'에 대해 갖는 마음이 대기업에 대해 중소기업이 품는 마음과 같다. 그들이 말하려는 것은 '딱 먹고 살 만큼의 돈' 이야기가 아니다. 미래 희망을 위해, 대한민국의 상생을 위해 당장에라도 지방에 더 큰 투자를 하라는 것이다. 지방은 중앙으로 절박한 편지를 보냈다. 답신은 언제쯤 오는 것인가.

2014년 부산시장 선거

내가 부산으로 돌아온 이유는 크게 두 가지였다.

첫 번째 이유는 지역주의 극복이었다. 한국 정치의 지역주의성을 타파하지 못하면 우리나라 정치의 선진화는 이룰 수 없다, 그 지역주의 정치의 한 중심지인 부산, 내 고향으로 돌아가서 지역주의 정치를 타파해 보자, 라는 생각이었다. 두 번째 이유는 내 고향을 다시 일으켜 세워 보자라는 마음이었다. 부산이라는 지역은 대한민국의 제2 도시이고 개발경제 시절에는 엄청나게 성장가도를 달리던 도시였다. 그러나 90년대 이후에는 계속 추락일로에 빠졌다. 80년대 들어 서울과 함께 성장 억제 도시로 묶여서 개발이 제한될 정도였으나, 그 개발제한을 풀어줘도 회생이 안되는 쇠잔해버린 도시가 되었다. 다른 지방 도시에 비해서도 발전의 동력을 잃어버렸다. 인구도 줄어들고 경제적 비중도 줄었으며 젊은 사람들은 자꾸 외지로 빠져나가려고 한다. 부산 노인인구의 비중은 7대 광역시 중에서 가장 높은 수준에 이르렀고 경제성적표도 거의 꼴찌 수준으로 전락했다. 이런 내 고향 부산을 다시 일으켜 세우는 역할을 한번 해보자, 직접 하든 돕는 역할이든 무엇이든지 노력해 보자고 생각했다.

첫 번째 도전이었던 2012년 총선에서 낙선하고 그해 제18대 대선을 치른 후 2013년 무렵에 민주당을 지지하는 사람 중에서 개혁적이며 진보적인 사람들이 내게 부산시장 선거에 출마할 것을 요구했다. 2014년 6월 4일에는 제6회 전국동시지방선거가 치러진다. 나는 다가오는 민선 6기 부산광역시장 선거에 입후보하는 것도 내 숙명이라고 생각했다. 선거 1년 전부터 착실히 준비했다. 부산의 경제현장, 부두, 해변, 공장, 문화현장 등 곳곳을 돌아다니면서 공부도 하고 대안도 마련하고 정책을 만들어내면서 민주당 경선을 치렀다. 그리고 정식으로 부산시장 후보가 되었다. 그때가 3월 말쯤이었을 것이다.

나는 민주당[19] 후보로서 두 달 동안 선거운동을 열심히 했다. 하지만 오래된 지역감정으로 말미암아 부산에서 민주당에 대한 지지 자체가 낮은 상황이었고 무엇보다 무소속 후보로 출마한 오거

---

19 이때의 정당 명칭은 〈새정치민주연합〉이었다. 2015년 12월경 〈더불어민주당〉으로 당명이 변경된다.

돈 씨가 고민거리였다. 무소속의 오거돈 씨는 오랫동안 부산시에서 공직을 맡았으며, 부시장을 하다가 부산시장 권한대행까지 했던 인물이었다. 참여정부 시절에는 해양수산부 장관을 역임했다. 두 번이나 열린우리당 소속으로 부산시장 선거에 출마해서 낙선했다. 당시 세 번째로, 이번에는 무소속 후보로 출마선언을 했는데 부산에서 그 인지도가 무척 높았다. 정이 많은 부산 사람들로부터 여러 번 떨어진 것에 대한 동정표도 많은 상황이었다. 여론조사를 해보면 오거돈 씨가 나보다 훨씬 높게 나왔다. 어쨌든 나와 오거돈이 그대로 나간다면 새누리당 서병수 후보에게 필패할 것이 분명했다.

— 나는 두 개의 갈림길에서 한참이나 고민했다.

현실 정치인으로서의 길이 있었다. 명색이 민주당 후보인데 무소속 후보에게 양보하는 것은 민주당에 창피스러운 일이었다. 총선에 한 번 나와 떨어지기는 했어도 부산에서 나는 아직 대중적인 지명도가 낮은 상황이었다. 그러나 이번 선거를 완주하면 그 지명도가 생긴다, TV 토론도 할 것이고, 선거 공간에서 많은 부산 사람을 만날 것이며, 공보를 통해 내 생각을 전할 수 있다, 나와 오거돈이 함께 떨어지더라도 부산 정치인 김영춘은 남는다, 그다음 선거 때에는 오거돈을 못 나오게 만들 수 있다, 내 정치적인 자산을 위해서라면 끝까지 완주하는 것이 좋겠다, 이런 생각이 있었다.

또 다른 길은 정치적 이상주의자의 길이었다. 부산에서 새누리당이 이십 년 간 일당 독점을 해 왔기 때문에 부산이 이 모양으로 쇠잔해진 것이 아닌가, 그저 새누리당 말뚝만 박아도 당선되는 그런 지역선거를 타파하는 것이 지역발전에 중요한 초석이 되지 않겠느냐, 개인적인 셈법을 미뤄두고 내가 양보해서 무소속일지라도 야권 단일후보로 만들어서 새누리당 서병수를 이기면 부산과 역사에 기여하는 게 아니냐, 같은 고민이었다.

오거돈이 당선되더라도 민주당 후보가 아니며, 민주당에 맞는 시정을 펼치지는 않을 것이라며 양보하면 안 된다는 목소리도 있었다. 그러나 이기기 위해서라면 무조건 단일화를 해야만 한다고 생각하는 사람이 더 많았다. 그것이 당시 민주당의 분위기이기도 했다. 문재인 대표도 그러했다. 나는 이 두 개의 갈림길에서 고민한 끝에 결론을 내렸다.

— 내가 희생하고 양보하자.
— 대의를 위해서 내 개인적인 계산을 버리자.

그리고 후보 등록 하루이틀 전에 전격적으로 후보 양보 선언을 했다. 당에서 많은 이가 이 결정을 좋아했다. 그러나 새누리당을 이기는 것이 중요하다는 생각에 양보 선언을 하고 단일화했음에도 오거돈은 새누리당 서병수에게 져버렸다. 오거돈은 야권후보로서의 정체성을 모두 버리고, 이것도 아니고 저것도 아니며, 이

당도 아니고 저 당도 아닌, 선거공약이나 정책도 두루뭉술하게 한 끝에, 득표율 1%의 차이로 낙선했다. 민주당을 활용하지 않고 배제한 것이 결정적이었다.

이후 오거든 씨는 2018년 부산시장 선거에 무소속이 아닌 더불어민주당 후보로 다시 입후보했다. 그리고 3전4기로 당선됐다. 그 이후의 일은 모두 독자 여러분이 아시는 바와 같다. 결과적으로만 보면, 2014년 부산시장 선거 때 내가 고집을 피우는 게 정당했구나, 라는 생각도 들지만, 그건 어디까지나 결과론적인 얘기이고, 그 당시에는 그렇게 생각하기 어려웠다.

오륙도 연구소

서울공화국에서는 지역에 있는 사람들조차 서울을 바라본다. 정치를 하는 사람들도 마찬가지여서 여의도 정치에 의존한다. 경제뿐만 아니라 정치에서도 스스로 뭔가를 시도할 힘이 없는 것이다. 그런데 그런 힘을 가시려면 정책 비전이 필요하다. 정책 비전이 없이는 지역경제를 살릴 수도 없고 제대로 된 지역정치를 할 수도 없다. 중앙 정부만 바라보고 있으면서 지역의 균형발전을 도모할 수 없는 것처럼, 서울에 있는 여의도 정치에 기대는 것만으로는 지역을 일으키는 정치는 불가능하다. 그런 생각에서 나는 <오륙도 연구소>라는 정책연구소를 설립했다. 민주당 부산시당 산하의 정책연구소였다. 내가 새정치민주연합 부산시당 위원장을 맡고 있던 시절, 2015년 4월 13일의 일이다.

— 광역단위 정당지부 최초의 정책연구소이다.

우리나라 정당 역사에서 처음 있는 일이었다. 부산에서, 부산 정치인 스스로 정책대안 정당을 만들자는 일념이었다. 시민들의 삶의 문제를 해결하는 데 집중하고 부산의 미래 비전을 생각하면서 부산 시민들의 삶의 문제에 대한 답안을 스스로 찾자는 절실한 마음이기도 했다. 우리는 오륙도 연구소를 통해 지역현안에 제대로 대응하기 위한 어젠다를 개발하고, 중장기까지 바라보며 부산지역의 정책공약을 개발하며, 민주당의 미래인재를 찾아서 그들이 부산에서 제대로 성장할 수 있는 요람을 만들며, 열린 공개강좌를 통해서 부산시민을 만나고, 민주당 소속의 광역, 기초의원의 의정활동을 지원하며, 특히 부산지역 여성 맞춤형 정책을 만들어서 전방위적으로 활동하자고 다짐했다. 실제로도 오륙도 연구소는 부산 전체의 정책 그림을 그려나갔다. 토론회를 통해 그것을 뒷받침했다. 총선 후보들에게 부산 정책과 콘텐츠를 제공하기도 했다.

이런 진취적이고 독창적인 노력이 있었기 때문에 2016년 제20대 총선에서 더불어민주당이 부산에서 의미있는 약진을 할 수 있었던 게 아니었을까. 오륙도 연구소는 부산의 진보적이고 개혁적인 지식인들을 끌어들이기도 했고, 부산 사람들이 관심 있는 이슈를 던지면서 열심히 활동했다. 고민과 연구와 활동이 이어지고 그것이 계속 부산 언론을 통해 보도되었다. '민주당은 빨갱이 아니면 전라도당'이라고 생각하던 사람들도 우리들의 노력을 인정하기 시작했다. 초대 소장은 부산에서 오랫동안 활동한 유정동 변호사가 맡았다. 그다음 유영민, 나종만에 이어 2019년에는 내가 제4대 소장으로 자청해서 활동했다. 해양수산부 장관을 마친 후 오륙도 연구소 소장을 맡게 된 것이다. 사람들은 3선 국회의원에 장관까지 한 사람이 무슨 지역 정책연구소의 소장을 맡느냐고도 말했지만, 나는 이 정책연구소야말로 우리나라 정치사에서도 매우 중요한 의미가 있다고 생각했다. 그저 형식적인 조직이 아니라 부산 정치에 기여하는 실질적인 역할과 모범을 이어나가기 위해서라도 내가 맡는 것 자체가 대내외적으로 의미가 있지 않겠나. 현재는 민주당 최고위원을 역임한 김해영 전 의원이 제5대 소장을 맡고 활동하고 있다.

민주당의 광역시도당 정책연구소는 현재 부산의 <오륙도 연구소>에 이어, 경남도당의 <단디정책연구소>, 경기도당의 <경기민주연구소>가 있다. 여러 광역시도당에서 부설 정책연구소를 설립하려고 시도는 하고 있지만 아직 제대로 성과를 못 내는 것으로 들었다. 그러나 지방자치, 지방분권 시대를 준비하려는 노력은 앞으로도 전국으로 확산될 것이다. 그때마다 나는 이것이 부산에서 시작됐다는 사실을 사람들에게 알리고 싶다.

— 지역이 대한민국의 새로운 희망이다.

제20대 총선과 권토중래

2016년 4월 13일 제20대 국회의원 선거가 시행되었다. 총선이 치러지기 5개월 전인 2015년 12월, 문재인 대표의 퇴진을 요구하던 안철수가 여러 호남 의원들과 함께 새정치민주연합에서 탈당했다. 이때 천정배, 박주선, 김한길, 박지원 의원 등이 새정치민주연합을 탈당했다. 탈당한 정치인들 중 상당수가 안철수의 <국민의당>으로 집결하면서 호남 지역주의의 깃발을 들었다. 희망의 메신저처럼 등장했던 안철수는 정치인스럽지 않기 때문에 국민들로부터 인기를 얻었던 것이지만 그는 점점 정치인스럽게 변모하기 시작했다. 새정치민주연합은 안철수의 흔적이 담긴 '새정치'라는 단어를 빼서 <더불어민주당>으로 당명을 변경했다. 추미애 의원이 민주당의 새로운 당대표로 선출되었다.

제20대 총선에서 더불어민주당은 123석을 획득했다. 새누리당과 한 석 차이로 제1당이 되었으므로 선거를 승리한 것이다. 그러나 이른바 민주당의 텃밭이라 불리던 호남에서는 세 석만 획득하는 데 그쳤다. 거의 호남 전멸 수준이었다. 새누리당은 호남에서 두 석을 얻었다. 나머지 23석은 국민의당이 차지했다. 국민의당이 호남을 석권한 것이다. 한편 지역주의 정치 때문에 민주당 관점에서는 아주 추운 지역이 있다. TK 지역이다. 그런데 대구 수성구 갑에서 김부겸 의원이 민주당 간판으로 당선되었다. 말하자면 그곳은 영구동토 '툰드라' 지역에 해당하므로 단연 돋보인 승리였다. 부산은 '툰드라'에 비하면 따뜻하지만 그래도 민주당에게는 '시베리아' 지역 정도 되는 곳인데, 우리 부산 정치인들이 정말 용맹하게 싸웠다. 20대 총선에서 나를 포함해서 남구 을에서 박재호, 사하구 갑에서 최인호, 북.강서구 갑에서 전재수, 연제구에서 김해영이 민주당 간판으로 당선되었다. 사람들이 이들을 '갈매기 5형제'라 불렀다.

새누리당이 부산을 20년간 독점하면서 부산 경제가 활력을 잃고 퇴락했으며 인구도 줄어들었다. 일자리가 부족하고 좋은 일자리는 더욱 없었다. 청년들이 일자리를 찾아 부산을 떠나는 상황이었다. 거기에 박근혜 대통령과 정부여당의 오만불손, 그리고 새누리당의 공천 파동이 더해지면서 나는 선거 전 5~6석 정도는 획득할 수 있으리라 예상했다. 그리고 예상대로 결과가 나왔다. 이것은 가히 혁명적인 변화였다. 새누리당이 부산에 쳐놓은 지역주의 그물을 찢어버리고 마침내 부산 사람들이 민주당을 찍기 시작한 것이다. 선거 기간 동안에는 부산 주민들에게 '지역주의 극복' 같은 슬로건을 내세우지 않았다. 그런 표현은 듣는 사람에게는 기분이 나쁜 표현이다. 하지만 내 마음속에는 대한민국 정치의 선진화를 가로막고 있는 지역주의의 벽을 조금은 허물었다는 마음에 기쁘기 그지 없었다. YS의 비서 출신으로서 YS의 잘못[20]을 조금이나마 결자해지했다는 마음도 들었다.

— 나는 너무 기뻤다. 부산에서 승리했으니까.
— 내 고향에서 승리했으니까.

선거를 치르면서 나는 당선을 확신했다. 2012년 19대 총선에서는 지지 기반이 약해서 막판에 흔들리는 현상이 발생했다. 부산에 돌아온 지 얼마 되지 않았고 선거를 준비하는 기간이 짧았기 때문이었다. 20대 총선에서는 새누리당 지지자조차 막판에 흔들리지 않고 내게 투표할 수 있도록 나는 지역구 사람들과 더 많이 섞이고 또한 경청했다. 후보들이 버스Bus와 지하철Metro을 타고 걸으면서Walking 선거운동하는 것을 두고, 흔히 사람들은 'BMW 선거운동'이라고 부른다. 부산진구에는 언덕이 많기 때문에 작은 오토바이Motor Bike를 이용해서 여기저기를 다니며 내 나름의 BMW 선거운동을 했다. 1톤 트럭보다 작은 SUV 차량을 개조해

---

20 1990년 3당 합당을 의미한다. 민자당이 탄생하면서 지역주의의 골이 깊어졌다. 제2장의 〈3당 합당〉에서 YS가 노태우 대통령과 손을 잡고 '민자당'을 창당하자 저자는 YS와 작별한다.

서 선거유세를 하기도 했지만, 연설보다는 차에서 내려 주민들과 대화하듯 조용히 말하고 들었다. 로고송은 로이킴의 <봄봄봄> 같은 부드럽고 경쾌한 노래를 주로 틀었다. "이번에는 찍어 줄게요." 나는 그런 주민들의 마음을 느꼈다. 내가 20% 차이로 패배한다는 여론조사가 발표되기도 했지만, 나는 내가 이길 것이라고 확신했다.

개표 날이 되었다. 출구조사에서 내가 졌다. 선거 사무실에서 개표방송 시청을 함께한 사람들이 침울해했다. 그래서 이렇게 말했다.

— 초반에는 집니다. 식사하시고 쉬었다가 10시쯤 오세요. 그때부터 역전될 겁니다. 3~4% 이깁니다.

어느 동에서 개표하는지 그 순서를 알 수 있다. 그러므로 추세는 예측이 가능하다. 역시 처음에는 졌다. 신기하게도 10시부터 역전하는 데 성공하더니 결국 3.1%의 차이로 당선됐다. 사람들이 신통하게 알아맞혔다고 놀라워하면서 좋아했다. 노인 인구의 비율이 매우 높은 초읍동에서는 언제나 새누리당 몰표가 나온다. 지난 19대 총선에서도 그곳에서만 1,851표 차이로 졌다. 그러나 이번에는 600표밖에 지지 않았다. 3선 국회의원이 되었다. 낙담과 시련이 있었지만 새로운 마음으로 다시 국회로 권토중래했다. 서울에서 재선까지 하고 부산에서 3선이 된 것인데, 대한민국

정치사에서 이는 거의 선례가 없는 일이었다. 1950년 종로구에서 초선 국회의원을 하고 1958년 부산 동구에서 재선에 성공한 박순천 여사 이후로 처음 있는 일이었을 것이다. 박여사는 1960년 부산 동구에서 3선에 성공했다.

어쩌다 이 지경이 되었는지

20대 총선에서 당선된 다음 어느 날이었다. 더불어민주당 우상호 원내대표가 내게 전화했다. 20대 국회 상임위 중 하나인 농림축산식품해양수산위원회(이하, '농해수위') 위원장을 맡아달라는 요청이었다. 웃으면서 거절했다. 내 자신이 도시에서 활동하는 정치인이고 그동안 맡아왔던 지역구도 '농림축산'과는 전혀 관련이 없었다. '해양수산'이라고는 해도 지역구인 부산진구는 바다가 보이지 않는 부산의 도심에 위치하고 있기 때문에 내게는 별로 이롭지도 않은 상임위였다. 우상호는 내게 더불어민주당의 피치못할 사정을 이야기했다. 20대 총선에서 민주당이 호남지역에서 참패를 한 탓에 농어촌에 지역구를 둔 3선 이상 국회의원이 없었던 것이다. 서울 국회의원이 농해수위원장을 맡는 것은 이치에 맞지 않으므로 나밖에 없다는 이야기다. 우상호는 내게, 부산을 위해 부산으로 간 게 아니었냐, 부산이 우리나라 최대 항구 도시인데 당신이 안 하면 누가 하겠냐는 논리를 펼쳤다. 애정을 갖고 당을 생각해야 하지만 8년 만에 국회에 돌아왔는데 농해수위라니…. 나는 여러 사람에게 전화를 걸어 의견을 구했다. 마지막에는 새누리당의 서병수 부산시장에게 전화를 했다.

— 제가 국회에서 농해수 위원장을 하면 그게 부산 발전에 도움이 되겠습니까?

서병수 시장의 답은 이러했다.

— 무조건 도움이 됩니다.

지역구인 부산진구에는 직접적으로 도움이 안 되겠지만 부산에 도움이 된다니, 그럼 내가 해야겠구나, 라는 생각이 들었다. 국회 농해수위원회는 해운, 항만, 수산, 해양관광, 신항개발, 항만부지 재개발 사업 같은 부산의 이해관계에 밀접히 관련있는 일을 하게 되므로 내가 농해수 위원장을 맡는 게 부산에 여러모로 이롭겠다는 생각에, 결국 농해수 위원장을 맡았다. 국회에서 막상 일을 해보니,

— 신천지 같았다.

상임위원장을 맡던 1년 동안 너무너무 재미있고 보람 있는 시간이었다. 처음에 내가 맡지 않으려고 했던 생각을 후회할 정도였다. 우선 해양과 관련해서 바다는 신천지 같았다. 해양 산업에 대한 이해가 넓어졌다. 내가 상임위를 맡고 있는 동안에 우리나라 해운산업이 초토화되는 일이 벌어졌다. 우리나라 최대의 원양해운 선사인 한진해운이 파산한 것이다[21]. 이는 박근혜 정부가 잘못된 결정을 했기 때문이었다. 당시 나는 국내 1등 기업인 한진해운을 죽이지 말고, 2등 기업이면서 한진해운과 마찬가지로 계속 적자를 보고 있는 현대상선과 합쳐서 공기업으로 만든 다음에 일단 살려내자고, 그리고 이를 구조조정하여 적당한 시기에 다시 시장에 매각하자고 제안했다. 그런데 박근혜 정부는 1등 기업인 한진해운을 없애버리고 한진해운의 반밖에 안되는 선복량[22]을 가진 현대상선을 살리는 구조조정을 했다. 그런 엉터리 구조조정이 어디 있는가. 1년 후 해수부 장관이 되고 외국의 해운업체 사람들을 만났을 때, 그들이 말하기를, 한진해운을 파산시킨 한국정부의 결정에 대해 전 세계의 해운업계가 다 경악했다고, 당연히 한진해운을 살리고 그 중심으로 재편할 줄 알았더니 한국정부는 거꾸로 하더라고, 도대체 어떻게 된 일이었느냐고, 무슨 내부 사정이 있었던 것이냐고 물을 정도였다.

청와대에서 새정부 해양수산부 장관직을 맡아달라는 요구를 받

---

21 국내 1위, 세계 8위의 컨테이너 선사였던 한진해운은 2017년 2월 17일 법원의 파산선고로 해체되었다.
22 선복(ship's space)의 총량을 뜻한다. 쉽게 말하면 적재능력을 말한다.

고 처음에는 거절했다. 국회 농해수위원장 일을 1년은 더 맡아야 한다는 생각 때문이었다. 대통령이 같이 하자고 하는데 왜 안 하려 하느냐, 어째서 당신이 하고 싶은 것만 하려고 그러냐는 임종석 실장의 설득에 결국 해양수산부 장관직을 맡게 되었다. 그러나 아쉬웠다. 내가 장관직을 고사한 이유는 우리나라 유기농 산업을 재편해 보고 싶었기 때문이었다. 왜 유기농업이 중요한가? 원론적이고 철학적으로 말한다면, 농약을 치거나 화학비료를 많이 주는 농업보다야 몸에 좋은 유기농 농업을 장려하는 것이 더 바람직하다. 하지만 현실적인 이유도 있었다. 우리나라는 중국, 미국, 칠레 등의 나라와 자유무역협정을 맺고 있다. 이들 나라가 모두 농업대국이다. FTA를 체결하면서 우리나라가 양해를 받은 게 있다. 농산물에 대해서는 보호막을 마련해서 약간의 제한을 둔 것이다. WTO도 마찬가지다. 농산물에 대해 양해를 받은 게 있다. 하지만 그게 영원히 지속되지는 않는다. 중국과의 자유무역협정의 경우에도 우리 농산물을 지키려는 보호막은 10년밖에 양해가 되어 있지 않았다. 결국 언젠가 중국 농산물이 자유롭게 들어올 것이다. 우리는 대비해야 한다. 유기농업을 중심으로 경쟁력을 강화해서 크게 육성해 놓지 않으면 중국 농산물을 상대로 살아남을 농가가 없다. 일단 가격 경쟁이 안 된다. 비싸도 소비자들이 한국 농산물을 사먹을 수 있는 방법은 <안전한 먹거리>다. 그리고 그 결정판이 유기농 농산물이다.

그런데 어쩌다 이 지경이 되었는지, 우리나라 유기농 농업은 거꾸로 가고 있었다. 예전보다 유기농 농업의 비중이 점점 더 줄어들고 있었다. 첫째, 유기농 법체계가 너무 엄격해서 그 기준을 맞추기 어려운 문제점이 있었다. 내 전답에서 유기농업을 해도 근처 농가에서 날아오는 농약으로 말미암아 인증을 받지 못한다. 결국 유기농업은 한 농가가 아니라 한 마을이 다 함께 동참해야만 기준을 충족하는 어려움이 있었다. 둘째, 가격 보장의 어려움이 있었다. 비용과 노동이 많이 들어가는데 가격이 보장되지 않으면 누가 그런 농업을 하려고 하겠는가. 셋째, 그 약한 가격조차도 판로 확보가 잘 안 되었다. 유기농 농산물이 아무래도 일반농산물보다 비싸니까 시장에서 잘 사주지 않아 판로 확보에 어려움을 겪는다. 그래서 농가들이 유기농법 장려를 받아서 처음에는 좀 해보다가 몇 년 해보니 이건 망하는 농업이라는 생각에 그만두는 것이다. 그래서 유기농업의 비중이 2012년에 비해 줄어들고 말았다. 이런 한심한 일이 어디 있는가. 이때 나는 국회에서 유기농 농가들이 안심하고 농사를 지을 수 있게 법 체계를 개선하고 바꾸는 작업을 해야 한다고 생각했다. 농림축산식품부 혼자서는 잘 못하니까 국회에서 법제화 차원에서 접근해 보자, 농식품부를 그런 차원에서 감독하면서 우리 농가와 우리 농산물의 경쟁력을 높일 수 있지 않겠느냐는 생각에 정책을 고민하고 농가 현장을 방문하면서 정말 열심히 일했다. 그러다가 대선이 있었고, 문재인 정부의 해양수산부 장관을 맡게 된 것이다.

제19대 대통령 선거

원래 대통령 선거는 찬 바람이 부는 12월에 실시된다. 그러나 2017년 제19대 대통령 선거는 박근혜 대통령 탄핵으로 말미암아 5월 9일에 실시되었다. 장미가 피는 계절에 대선이 실시된다고 하여 사람들은 '장미 대선'이라고 불렀다. 더불어민주당의 문재인 후보가 41.1%의 득표율로 24%의 득표율에 그친 자유한국당의 홍준표 후보를 물리치고 제19대 대통령으로 당선되었다. 국민의당의 안철수는 21.4%로 3위, 바른정당의 유승민은 6.8%, 정의당의 심상정은 6.2%로 각각 4위와 5위였다.

촛불집회가 한창 열리던 2016년 12월, 문재인 캠프에서 내게 연락이 왔다. 문재인 캠프의 총괄본부장을 맡아달라는 제안이었다. 내가 '친노'가 아니라 '비노'로 분류되는 사람이고, 2006년 서울시장 선거 당시 열린우리당의 강금실 후보 선대본에서 그런 일을 잘해냈다는 평가도 작용했던 것 같았다. 아직 민주당 경선도 시작되지 않은 시점이었다. 당시 문재인 후보가 '압도적 대세'였다. 두 달 동안 네 번인가 제안이 계속되었는데 모두 사양했다. 압도적 흐름에 줄 대는 일을 그다지 좋아하지 않는 개인적인 성정도 있었지만, 내가 맡을 직은 아닌 것 같았다. 내가 맡는 게 후보에게 이롭지 않다고 생각했기 때문이다. 후보도 부산 사람이고, 나도 부산 사람인데 무슨 시너지가 있겠느냐고 말했다. 민주당의 다른 후보들에 대한 연민도 있었다. 당시 그들의 지지율은 2~3%에 불과했다. 그중 나은 안희정은 나와 가까운 후배였다. 또 김부겸은 나와 함께 한나라당을 탈당하면서 같이 사선을 넘어온 후보였다. 내가 도와주지 못할망정 대세의 흐름을 좇는다면 얼마나 상심하겠나 하는 생각도 있었다.

결국 문재인 캠프 총괄본부장은 송영길이 맡았다. 그 대신 나는 경선중립의 임무로 민주당 선관위 부위원장을 맡았다. 위원장은 홍재형 씨였다. 문재인 후보로 더불어민주당 대선 후보가 결정된 다음에는 중앙당 차원에서는 농림해양정책위원장을 맡았다. 부산지역에서는 부산시 공동선대위원장으로 대선에 임했다. 내가 특히 공들인 것은 상도동계 인사를 문재인 지지로 돌리는 작업이었다. 그 결과 김덕룡 김영삼민주센터 이사장, 문정수 민선 1기 부산시장, 박종웅 전의원 등 상도동계 여러 인사들이 문재인 지지를 선언했다. 김덕룡 이사장은 안철수 후보의 러브콜을 받아

거의 그쪽으로 갈 뻔했는데 내가 적극적으로 나서 우리 편으로 모셔왔다.

2017년 5월 10일 문재인 후보가 대통령으로 취임했다. 대통령이 공석이었던 탓에 5월 9일 투표에서 당선되자마자 바로 취임한 것이다. 인수위원회를 조직할 겨를이 없었다. 국정 현황을 파악할 시간이 부족했다. 그는 그런 상황을 열정과 노력으로 극복해 나갔다. 언젠가 국무회의 때의 일이다. 대통령의 피곤한 얼굴이 걱정스러워 주위 사람에게 물었더니, 국정 현안 때문에 자료를 살펴보다가 새벽까지 일했다는 것이다. 해양수산부 장관으로서 내가 목격한 대통령 문재인은 무한책임감으로 고뇌하고 노력하는 지도자의 모습이었다.

장관님, 도와주십시오

2017년 6월 해양수산부 장관으로 임명되었다. 해양수산부 사람들은 내가 장관으로 오는 것을 환영했다고 한다. 국회 농해수 위원장을 맡고 있었으므로 이미 현안에 밝아서 업무 파악에 어려움이 없기 때문이었다. 자기 목소리를 낼 수 있는 힘있는 여당 국회의원이 장관으로 부임하면서 해양수산부의 위상이 올라갈 수 있는 기회라고도 생각했을 것이다. 그만큼 당시 해양수산부의 위상이 낮았다. 정부부처 중에서도 인지도가 낮고 국민들의 관심도 적은 부처이다. 2008년 이명박 정부 시절 부처 자체가 해체되는 일도 있었다. 산하 외청인 해양경찰청은 세월호 침몰 사고 구조 실패의 책임으로 해체되었다가 문재인 정부 들어 다시 부활한 상황이었다.

해양수산부 장관은 해양정책, 수산, 어촌개발, 수산물 유통, 해운·항만, 해양환경, 해양조사, 해양수산자원개발, 해양과학기술연구·개발 및 해양안전심판에 관한 국가 사무를 관장한다. 나는 장관에 취임하면서 박근혜 정부 시절에 파탄이 난 해운산업을 재건해야겠다고 생각했다. 당시 우리나라 해운업은 한진해운이 파산한 지 얼마 되지 않았고 1년 사이 해운업의 매출액이 10조 원이나 줄어든 상황이었다. 유럽과 미주를 오가는 원양선대가 절반으로 줄어들었다. 이 일을 어찌할 것인가. 우리나라는 수출과 수입이 많은 무역국가여서 해운업의 뒷받침이 있어야 한다. 해운업이 좋았을 때인 2008년 국적 해운사의 총 매출액은 약 52조 원에 이르렀다. 그때도 국적 해운사가 차지하는 비중은 우리나라 전체 무역물량의 30% 정도에 그쳤다. 배를 많이 움직이는 것 같아도 70%는 외국 배들이 실어 날랐다. 우리가 잘한다면 발전 가능성이 여전히 크다는 의미였다.

해운업은 자본산업이다. 이것이 노동집약적인 조선산업과 다른 점이다. 배를 비싼 값으로 사서 적은 수의 선원으로 일년 내내 전 세계를 돌아다닌다. 수십 만 톤의 선박을 운용하면서 선원은 이삼 십 명밖에 안 된다. 자본의 뒷받침이 없어서는 안 된다. 해운산업을 재건하려면 큰 규모의 자금이 필요한 것이다. 나는 해수부 장관이 돼서 제일 먼저 해운산업 5개년 계획을 만들었다. 해운산업의 미래를 밝히면서 잘 살려내야겠다고 생각했다. 문재인 정부 5년 동안에 공공 자금 5조 원, 민간 자금 3조 원을 결합시킨 8조

원 규모의 해운재건 계획을 세우고, 이 계획을 수행하는 기관으로 한국해양진흥공사를 설립하는 안을 하나의 패키지 안으로 만들었다. 이 계획만 잘 수행하면 한국에는 거의 불모지나 다름없던 해양금융산업을 일으킬 수 있고, 해운업의 재기와 부활이 가능하다. 덩달아 선사들이 배를 발주할 터이니 조선산업에도 이로울 것이다. 이런 논리로 정부 전체를 설득했다. 그러나 강력한 반대에 직면했다. 기획재정부를 중심으로 반대가 심했다. 이 책에서는 밝히기 어려운 여러 가지 반대 논리가 있었다. 주된 논리 외에도 굳이 우리나라 배로 물건을 다 실어나를 필요가 있겠냐, 외국 배로 하면 되지 않을까, 라는 생각도 있었을 것이다. 해양수산부 안을 관철시키는 작업이 쉽지 않았다. 시간이 걸리는 일이었다. 이때 나는 딜레마에 빠졌다.

— 부산시장 선거가 다가오고 있었다.

나는 2014년 부산시장 선거에서 경선을 통해 민주당 후보로 뽑혔다. 그러나 무소속 후보인 오거돈에게 양보해야 했던 아픔이 있었다. 그때 고통스러웠다. 두 번 다시 양보하고 싶지 않았다. 2018년 선거에는 반드시 부산시장이 되어야겠다고 생각했다. 그것이 내 고향 부산을 위한 좋은 길이고, 내가 서울을 떠나 고향 부산으로 와서 밑바닥부터 다시 정치를 하게 된 소명에도 맞는다고 생각했다. 특히나 오거돈을 믿을 수 없다며 김영춘의 출마를 요구하는 부산 사람들이 적지 않았다. 우리나라 해운 재건을 위한 5개년 계획도 수립했으므로 더 늦기 전에 장관직을 내려놓고 부산시장 선거에 뛰어들 채비를 했다. 그때였다.

— 장관님, 우리는 힘이 없습니다.
— 기재부가 저렇게 반대하는데 장관님이 없으면 우리는 못 이깁니다. 장관님, 도와주십시오.
— 5개년 계획을 범정부차원에서 승인받는 데까지만 도와주십시오.

해수부 간부들이 나를 붙잡는 것이었다. 진심이었고 그들의 염원이었다. 그 요구를 외면할 수 없었다. 해수부의 숙제를 끝내느라 부산시장 선거에 나서는 데 다소 늦어졌다. 해운재건계획에 대한 대통령의 결심을 얻고 나서 출마 준비에 착수했다. 그것이 2018년 3월초였다. 안희정 사건이 발생하고 미투 폭로가 잇달아 터져 나오던 때였다. 그러자 이번에는 당이 반대했다. 출마 채비가 늦었다는 것이고, 내가 지금 민주당 후보로 부산시장에 출마하려면 국회의원직을 사퇴해야 하는데 그러면 보궐선거를 치를 수밖에 없다는 것이며, 자칫 국회의원 보궐선거에 패배해서 여당의 의석수가 줄어들면 국정운영에 나쁜 영향을 미칠 우려가 있다는 것이었다. 또한 무엇보다 김영춘이 아닌 오거돈이 민주당 후보로 나가도 이길 수 있는 선거인데 굳이 의석수 하나를 잃을 필요가 없다는 논리였다. 그래도 나는 부산을 위해서 출마하겠다고 말했다. 경선에서 현역의원 출마 20% 감점의 불이익을 받더라도 더불어민주당 부산시장 후보 경선에 참여하겠다고도 했다. 그러자 만약 내가 장관을 그만두고 경선에 참여한다면 당에서 나를 배제한 채 오거돈으로 전략공천하겠다는 것이 추미애 당대표의 결정이라고 했다. ― 나는 오거돈 씨가 부산시장에 당선되는 것을 지켜봐야만 했다.○

> 김영춘 주석 ○: 2018년 당시 위와 같은 사정이 있었음에도 내가 장관이나 국회의원 직을 내던질 용기가 없어서 부산시장 선거에 출마하지 않았다고 오해하는 사람들이 더러 있다. 정치인이 어떤 중대한 결정을 할 때에는 그것에 걸맞은 명분이 있어야 하고 적절한 절차를 거쳐야 하는데, 그걸 무시하고 자기만의 정치적인 이익을 추구할 수는 없다. 인생을 살다 보면 자의가 아니라 타의에 의해 어쩔 수 없이 인내해야 할 때가 생긴다. 내 꿈을 위해 해수부의 염원을 외면할 수 없었다. 내 정치적인 염원을 위해 민주당을 분란에 빠뜨릴 수도 없었다. 2020년 4월 23일 오거돈 부산시장은 성추행 사건을 일으키면서 시장직을 내려놓았다. 누구보다 고통스러웠다. 민주당 부산 정치인들 모두가 죄인이 된 심정이었을 것이다. 10월까지 많은 언론이 내게 보궐선거에 대해 어떤 입장이냐고 물었다. 그때마다 나는 선거를 말할 때가 아니라, 부산시민께 머리 숙여 사죄드려야 할 때라고 답했다.

2019년 4월 3일 나는 최장수 해양수산부 장관이라는 기록을 남기고 퇴임했다. 내가 장관으로 있는 동안 우리 해양수산부는 조직 출범 이후 처음으로 정부업무평가 우수 등급을 기록했다. 나 또한 어느 언론사의 18개 부처 장관평가에서 종합 1위를 기록했다. 해운 재건의 기틀을 다졌다는 평가도 받았다. 한국해양진흥공사를 부산에 유치했다.ᴾ 결국 이것들이 부산시장과 맞바꾼 성과였다.

김영춘 주석 P: HMM(구 현대상선)은 2015년 2분기 이후 지속적으로 적자에 허덕였다. HMM은 정부의 유동성 지원을 받았다. 또한 내가 해수부 장관 시절에 수립하고 집행한 해운 재건 5개년 계획에 따라 HMM은 초대형 컨테이너선 20척을 우리나라 조선사에 발주를 했고, 그중 세계 최대 규모인 24,000TEU급 12척을 올해 인도받았다. 그리고 12척 모두 만선으로 출항하는 데 성공했다. HMM은 코로나19 여파에도 불구하고 2020년 2분기 드디어 영업수지 흑자 전환을 거뒀다. 해운산업 정상화의 서광이 비친 것이다. 대한민국 해운산업의 미래가 이 열두 척의 컨테이너선에 달려 있고, 이것이 이순신 장군의 조선 수군 12척의 군함과 비슷한 느낌으로 내게 다가온다. 얼마 전 해운업계에서 일했던 노 사업가를 만난 적이 있다. 그가 내게 말했다. "당시 저는 해수부 5개년 계획 이야기를 듣고 미친놈들이라고 욕했습니다. 불가능한 일이라고 생각했어요. 그런데 이제 와서 이렇게 상상 못했던 결과가 실현되는 것을 보니 놀라움을 금치 못합니다. 진심으로 사과드립니다."

어째서 어촌을 포기하는가

잠깐 해양수산부 장관 시절 이야기를 다시 해야겠다. 앞에서 이야기한 사정 때문에 나는 부산시장의 꿈을 미래에 맡기기로 했다. 그 대신 작고 낙후된 우리나라 어촌을 위해 해수부 장관으로서 무엇을 할 수 있을까 고민했다. 농촌처럼 어촌도 고령화되고 있고 어가 인구도 20년 사이에 절반 이상 줄어들었다. 고령화와 인구감소가 이어지는 상황에서 누구도 어촌을 발전시킬 대책을 내놓지 않았다. 작은 어항과 포구는 낙후된 채로 방치되고 있었다. 해양관광과 레저 수요는 꾸준히 늘고 있고 그것이 우리 어촌의 미래 먹거리가 될 수 있음에도 우리나라 작은 어항과 포구는 미래를 준비할 아무런 조치를 하고 있지 않았다. 우리 해수부가 나서서 기초적인 인프라를 만들어준다면 좋지 않을까. 모든 어촌을 도와줄 수는 없더라도 잘 선별해서 지원하자. 그런데 해수부

공무원들의 반응이 미지근했다.

— 장관님, 기재부에서 예산을 주지 않을 겁니다. 어촌의 항포구는 지방정부 소관입니다.
— 그래요? 제가 설득해보겠습니다.

나는 이 문제를 지방정부에 맡겨 둬서는 안 된다고 생각했다. 일단 지방정부는 그럴 만한 예산이 부족해서 혼자 힘으로는 엄두를 내지 못한다. 이런 사정을 알면서도 정부가 지방정부 소관이라는 이유만으로 못 본 척하는 건 옳지 않다. 그러니까 우리나라 어촌이 이토록 낙후된 게 아닌가. 어째서 어촌을 포기하는가. 작은 어항과 포구를 개선해서 해상 교통 접근성을 확보해주면 그것이 해양 관광 인프라를 만들어주는 것이고 어촌지역 경제활성화에도 필경 도움이 되리라 확신했다. 나는 뮤지컬 <맘마미아>를 떠올렸다. 도나의 딸 소피의 결혼식 초대를 받고 도나의 옛 연인인 세 남자가 작은 요트를 타고 그리스 지중해의 외딴섬에 도착하는데, 여기서 중요한 것은 배를 섬에 자유롭게 댈 수 있다는 점이다. 그리스에서는 그게 가능할지 몰라도 우리나라 어항에서는 그게 안 된다. 접안할 시설도 부족하고 배를 정박할 자리도 없다. 이래서는 삼면이 바다인 우리나라 해양레저 관광산업이 발전할 수 있겠느냐, 먼저 이런 논리로 사람들을 설득하면 좋겠구나.

— 생각보다 잘 먹혔다.

뮤지컬 맘마미아 이야기도 하면서, 청와대와 기획재정부에 <어촌뉴딜사업>을 제안했더니, 왜 이제야 이런 제안을 하느냐면서 뜨거운 반응이었다. 우리나라에는 작은 어항과 포구들이 약 2,400개 정도 있다. 이중에서 문재인 정부 기간 동안에 300곳을 먼저 선별해서 평균 100억 원의 예산을 지원하자, 이름하여 <어촌뉴딜300 사업>이 시행된 것이다. 전적으로 내 아이디어였다. 예산 3조 원의 사업이었는데, 중앙정부가 70%를 대고, 지방정부가 30%를 부담하도록 조정했다. 어촌을 둔 지방정부가 몹시 좋아하는 인기 사업이 되었다. 지방정부가 30%를 부담하더라도 '이 버스가 지나가면 다시 버스가 오지 않을 것'이라는 생각에 서로 하려고 난리였다. 어촌 주민의 간절한 목소리가 들리는 것 같았다. <어촌뉴딜300 사업>은 어촌의 혁신성장을 돕는 지역밀착형 사회간접자본 투자사업이다. 어촌의 필수 기반시설을 현대화하고 항과 포구를 재정비하는 이 사업은 예산이 100억 정도의 사업이므로 큰 건설회사가 침여할 성도는 아니었다. 지방에 있는 작은 건설업체가 이 사업에 참여하므로 지역경제에도, 지역 일자리 만들기에도 도움이 되었다.

2019년도에 먼저 70곳의 어촌이 선별되었다. 전라남도 어촌이 26곳으로 제일 많았다. 경남이 15곳으로 다음을 차지했다. 부산도 지금까지 2곳이 선정되었다. 그곳에는 우리나라의 아름다운 바다가 있다. 낙후되고 방치된 곳에서 자라나는 힘없는 이들의 희망이 우리의 미래이다. 어촌뉴딜300 사업은 지금도 계속되고 있다.

죽느냐 사느냐의 문제

― 희망이 없다면 죽는 것이요, 희망이 있다면 사는 것이다. 부산 사람들에게 가덕도 신공항은 미래 희망에 관한 문제이지 당장의 경제적인 효과만을 얻자고 말하는 게 아니다.

가덕도는 남해에 있는 섬이다. 행정구역상으로는 부산광역시 강서구에 속해 있다. 여의도의 3배 정도 되는 크기의 섬이다. 북쪽으로는 가덕대교를 통해 부산 내륙과 연결되고, 서쪽으로는 가덕해저터널을 거쳐 거가대교를 통해 거제도에 닿는다. 이 섬에 영종도 인천공항처럼 매립지를 만들어서 동남권 신공항을 건설하는 것이 현재 부산 사람들의 염원이다. 이런 염원을 서울 사람들은 잘 모를 것이다. 서울 사람들은 인천공항을 자랑으로 여긴다. 그러나 처음부터 사람들이 인천공항을 좋아했던 건 아니었다. 영종도에 인천공항을 처음 계획했던 때가 80년대 후반 노태우 정부 시절이었다. 그 당시 반대가 많았다. 항공수요가 지금처럼 크게 늘어날 줄 몰랐던 것이다. 사람들은 김포공항이 있으면 됐지 큰 돈을 쓰면서까지 영종도에 그렇게 커다란 공항을 지을 필요가 없다며 반대했다. 정부는 그런 반대를 뚫고 공항을 지었다. 지금은 처음보다 두 배 이상 커졌고 앞으로도 계속 확장할 계획이다.

부산 경남 사람들이 가덕도 신공항 건설을 염원하는 까닭은 수십 년 동안 쪼그라들었던 지역 경제를 부활시키려는 의지 때문인데, 이것이 단순하지 않다. 새로운 기업투자를 유치하고 홍콩을 대체하는 동북아 국제 물류의 허브가 되자는 생각이고, 그러려면 승객과 화물을 동시에 이착륙시킬 수 있는 국제공항이 필요하다는 이야기다. 어떤 이들은 김해공항을 이용하면 되지 않겠느냐고 말한다. 하지만 부산 경남 사람들이 원하는 공항은 24시간 이착륙이 가능한 공항이나. 김해공항은 주거지역과 밀접하게 인접해 있어서 소음 문제 때문에 밤 11시부터 다음날 오전 6시까지 7시간 동안 모든 종류의 비행기 운항이 금지되어 있다. 김해공항은 24시간 이착륙이 불가능한 공항이다. 국제선 비행기는 새벽에도 이착륙을 해야 한다. 설령 여객기가 주간에 많이 다닌다 해도 야간 시간대에는 화물기들이 계속 이착륙을 해야 하기 때문에 김해공항으로는 안 된다. 국제공항이 우리 입맛대로 비행 시간을 고를 수는 없는 노릇 아닌가. 또한 김해공항은 군사공항이어서 공군 비행장으로 함께 쓰기 때문에 공군기가 다니는 시간이나 작전 훈련이 있을 때에는 항공기 운항이 제한된다. 게다가 활주로도 짧다. 대형 여객기나 화물기가 이착륙을 하기에는 적당하지 않다. 김해공항은 안전에도 문제가 있다. 2002년 4월 15일 중국항공 129편이 김해공항에 착륙을 시도하던 중에 북쪽 돗대산과 충돌하는 사고가 발생해서 129명이 목숨을 잃었다. 이 사고 이후 노무현 대통령이 신공항 착수 검토를 지시했고, 그때부터 가덕도 신공항 이슈가 생긴 것이다.

산업이 발전하려면 그것에 걸맞은 인프라를 갖춰야 한다. 지금까지의 산업만이 아닌 앞으로의 신성장 산업을 두루 살피면서 인프라를 생각해야 하는데, 그런 신성장 산업은 이전까지 부산 경남 울산 지역을 지탱했던 중후장대 산업이 아니라 IT 산업 같은 경소단박형 산업이다. 나는 그런 분야의 산업을 유치해야만 지역경제가 살아날 수 있다고 생각한다. 그러려면 반드시 국제공항을 기본 인프라로 가져야 한다. 국내외 전문가들이 이동하기 쉬워야 하고, 제품들을 신속하게 실어나를 수 있어야 하기 때문이다. 명실공히 여객과 화물을 제한 없이 하루 종일 나를 수 있는 24시간 공항이 지역경제 활성화의 중요한 시작점이다. 쇠약해진 지역을 되살리는 스타트라인이다. 말하자면 부산 경남 울산 사람들은 가덕도 신공항을 만들어서 지역경제 부활의 초석으로 삼겠다는 생각이다. 희망의 끝이 아니라 미래의 시작이다.

그러나 국토교통부를 위시한 중앙정부는 이와 같은 지역의 절실한 생각을 잘 이해하지 못한다. 우리나라 같은 규모에 인천공항 하나면 충분하다고 생각하는 사람도 적지 않다. 인천에서 갈아타라는 것이고, 항공 화물도 인천공항에서 트럭으로 실어나르면 된다는 것이며, 지방공항을 새로 만들어야 한다는 이야기가 나오면 예산 낭비 사업이 아니냐는 것이다. 다른 지방공항처럼 놀고 있는 활주로에 고추나 말리는 공항으로 전락하지 않을까라는 염려를 이해 못하는 바는 아니지만, 지금 김해공항만 해도 활주로에 고추를 말릴 틈이 없다. 이미 국제노선이 40개 이상 다닌다. 주로 중국, 일본, 동남아 지역에 취항하는 비행기들이다. 그 이상 갈 수 있는 큰 비행기는 착륙을 못한다. 부산에서도 동쪽으로는 LA를 향해, 서쪽으로는 런던이나 핀란드 같은 곳까지 가는 비행기, 이런 비행기들을 띄우고 싶은 것이고, 더 나아가 국제 물류의 중심지로 도약하려는 의지가 담겨 있는 문제가 바로 가덕도 신공항 문제이다. 부산, 울산, 경남 지역은 최고의 해운산업 인프라를 갖고 있지만 항공 화물로 연결이 안 되어 있다. 복합물류가 불가능하다. 홍콩이나 싱가포르 같은 항구 도시가 비약적으로 발전할 수 있는 배경에는 항공물류가 가능한 공항을 끼고 있기 때문이다. 가덕도 신공항은 그걸 하자는 이야기다. 큰 생각이 담겨 있다. 홍콩과 싱가포르를 넘어서겠다는 것이다. 이것이 부산의 미래요, 대한민국의 성장동력이다.

부울경 메가시티론

지금 부산의 인구는 약 339만 명 정도이다. 25년 전에는 390만 명이 사는 도시였는데, 그사이 약 50만 명이나 줄어들었다. 집값이 비싸서 인구가 인근 지역으로 빠져나간 게 아니다. 그런 이야기는 서울에나 해당된다. 부산은 살기 힘들어서 도시를 떠난 것이다. 주로 젊은 사람들이 도시를 빠져나간다. 20~30대가 매년 2만 명가량 부산을 떠난다. 가고 싶은 직장이 없고, 일자리가 부족하니까. 더 나은 경제적인 삶을 찾아 서울이나 경기도로 떠난다. 경기가 좋을 때에는 일부가 거제, 창원, 울산 같은 곳으로 옮겨가기도 했다. 하지만 지금은 울산도 경남도 다 같이 어려워졌다. 전통적으로 부울경(부산.울산.경남) 지역은 중후장대 산업의 중심지였다. 그런데 시대가 바뀌고 산업 트렌드에 변화가 생겨 중후장대 산업으로는 더이상 많은 일자리를 만들어내지도, 유지하지도 못하는 상황이 된 것이다. 그런 산업들은 중국이나 다른 개발도상국으로 넘어간다. 경남만 하더라도 2018년에 수출이 20% 이상 감소했다. 조선산업이 급격히 위축되니 거제도에서만 인구가 수만 명이나 빠져나갔다. 울산 경제가 아주 좋았던 시절이 있었다. 자동차, 석유화학, 조선, 이 세 개 산업을 기축으로 사람들이 몰려들었고 울산은 광역시로 승격했다. 그러나 지금은 그 좋다던 울산마저 경제가 급격히 위축되고 있다. 부산은 90년대부터 쇠락했고, 2000년대의 세계금융위기를 기점으로 경남이 축소되기 시작했으며 2015년 무렵부터 조선, 자동차 산업의 불황으로 울산도 쇠퇴하기 시작했다. 옛날에는 경상남도에서 부산이 직할시로 떨어져 나가고 다시 울산이 광역시로 독립해서 마치 서로 흩어져야 산다는 식의 지역간 관계였으나, 지금은 다시 뭉치자, 뭉쳐야 산다는 인식을 공유하고 그런 논의를 활발히 진행하고 있다. 얼마나 힘들면 그러겠는가.

부울경을 합치면 인구가 800만 명[23]에 이른다. 싱가포르나 홍콩보다 인구가 많다[24]. 넓이는 그 두 곳보다 10배 이상 크다. 나는 부울경을 하나의 경제공동체로 묶어서 싱가포르나 홍콩과 자웅을 겨룰 수 있는 커다란 프레임을 처음으로 제안했다. 그것이 바로 <부울경 메가시티론>이다. 우리 대한민국은 성숙경제 단계에 들어섰고 점점 성장잠재력이 고갈되면서 저성장시대에 진입했다.

---

23 부산 339만 명, 울산 117만 명, 경남 345만 명이다.
24 싱가포르 인구는 대략 564 만 명, 홍콩 인구는 약 745만 명이다.

더이상 서울과 수도권의 발전만으로 나라가 먹고 살 수 없는 상황이다. 서울에서 지방으로 떨어지는 낙수효과도 거의 없다. 새로운 성장동력을 만들어내려면 결국은 지방이 스스로 발전하는 길을 모색해야 한다. 중앙정부 차원에서 국가의 신성장동력을 찾는 게 어렵다면 지방정부에서 그걸 찾아내서 국가 차원으로 승화시키는 생각과 관점의 전환이다. 쉽게 설명하자면 이런 이야기다.

― 우리 부울경 사람들이 싱가포르처럼 발전해 볼게요. 그럼 그것이 작게는 지역 발전에 도움이 되는 일이에요. 싱가포르가 하나 생겼는데 그게 지역 발전에 그치는 일입니까? 크게는 대한민국에 도움이 되는 일이지요.

<부울경 메가시티론>이라는 지역 경제공동체를 제안하면서 나는 EC[25]를 모델로 삼았다. 부울경 자치단체가 협약만을 맺고 서로 돕는 수준이 아니라 공동의 집행기구를 만들어서, 경제, 교통, 환경 등을 함께 힘 모아 처리하자는 내용이었다. 그러려면 그것에 걸맞은 인프라가 필요하고 가장 중요한 게 바로 <가덕도 신공항> 건설이었다. 부울경에서 직접 미국과 유럽을 넘나드는 비즈니스를 하려면 국제공항이 필요하기 때문이다. 가덕도 신공항은 부울경 메가시티로 향하는 상징적인 이정표이기도 하다. 우리 인간에게 미래가 없다는 것은 결국 죽음을 뜻하고, 설령 지금 힘들

---

25 유럽공동체(European Community: EC)를 말한다. 유럽연합의 전신이며, 경제공동체의 성격을 갖고 있었다.

더라도 미래가 있다는 것은 살아 있다는 존재감을 갖게 한다. 말하자면 가덕도 신공항은 지역의 미래를 생각하는 사람들의 입장에서는 사활이 걸린 사안이다. 앞에서 이야기한 것처럼 죽느냐 사느냐의 문제이다.

밖으로는 항공과 항만의 복합물류 인프라 구축이 필요하다면 안으로는 광역 교통망이 필요하다. 수도권에 있는 광역간 전철망 같은 인프라가 어째서 부울경 지역에는 없냐는 이야기다. 이렇게 이야기하면 수도권을 제외하고 다른 지역에도 없는데 어째서 부울경 지역에만 그런 광역전철망을 설치해야 되느냐는 반론이 나온다. 인구 800만 명이 가까운 거리에 모여 사는 지역이 부울경 말고는 없다. 국가가 광역전철망만 놔주면 한 시간 이내에 800만 명이 교통할 수 있는 지역은 부울경 지역이 유일하다. 그래서 수도권처럼 광역전철망이 필요하다는 것이다. 부산은 철도의 종착점이다. 부산신항이라는 세계직인 항구가 있다. 이것을 적극적으로 활용한다면 지역뿐만 아니라 나라에도 좋지 않겠나.

정부예산을 써야 하는 문제가 있다. 1974년 9월 수도권 지하철 1호선이 개통됐다. 서울역 기점으로 의정부, 수원, 인천역까지 가는 광역전철망이 1974년에 건설된 것이다. 당시 서울시, 인천시, 경기도가 예산을 썼던 게 아니었다. 중앙정부 돈으로 광역전철망을 만들었고, 지금도 철도공사가 운영을 한다. 그로부터 46년이 지났건만 거의 붙어 있는 부산과 창원, 부산과 울산 사이에 광역전철망이 없다. 기차가 있으나 자주 다니지 않아 지역 네트워킹 수단으로는 기능하지 못한다. 기존 철도를 이용해서 광역전철이 다닐 수 있게 하고 촘촘히 역사를 건설하는 비용을, 1974년에 정부가 수도권에 그랬던 것처럼, 부울경 지역에도 지원해 달라는 것이다. 하지만 중앙정부는 그 예산을 거절하고 있다. 부울경 메가시티를 현실화하기 위해서는 광역전철망이 필요하다.

제21대 총선 그리고 낙선

2020년 4월 15일 실시된 제21대 국회의원 선거에서 더불어민주당이 압승했다. 180석을 얻어 안정 과반수를 획득했다. 미래통합당의 위성정당인 미래한국당은 19석의 비례대표 의석을 얻어 비례의석수 1위를 기록했다. 하지만 정삭 미래통합당은 지역구에서 84석만을 얻는 데 그쳤다. 미래통합당(미래한국당)은 한나라당 이후 보수정당 계보에서 가장 큰 패배를 겪었다.

이 선거에서 나는 낙선했다. 부산 전체의 선거 책임을 맡아 시간을 빼앗긴 탓도 있다. 하지만 무엇보다 자만했으며 방심했기 때문이라고 생각한다. 그게 낙선의 이유였다.

2019년 4월 해양수산부 장관을 그만두고 1년 후에 있을 총선을 준비하기 시작했다. 코빼기도 안 내밀다가 선거 때 되니까 온다는 식의 비난을 하는 사람도 있었고, 마치 내가 놀다가 온 것처럼 취급하는 사람도 없지는 않았다. 하지만 해수부 장관 시절에 열심히 했던 성과들이 대한민국과 부산을 위한 일이었고, 그러는 동안에도 주말마다 집이 있는 부산으로 돌아왔으므로 부산과는 떨어지지 않았다. 지역구 민원을 해결하는 데 게으르지도 않았다. 상대방 정당에서 조직적으로 유포시키는 비난을 대수롭지 않게 생각했다. 그러면서 미래통합당의 서병수 씨를 이기는 건 어려운 일이 아니라고 생각했다. 당시 나는 더불어민주당 부산시 선대위원장이었다. 부산 선거 책임자로서 도의적인 책무는 해야겠다는 생각이 들었다. 적어도 처음 선거를 뛰어보는 지역구 신인 후보들은 도와야 하지 않겠나. 그래서 투표일 앞두고 막판 5일 정도는 하루에 몇 시간이나마 지역구를 비우는 일이 생겼다. 다른 지역구에 가서 유세를 거들어준 것이다. 내가 질 줄 알았다면, '미안하다, 우선 내가 이기는 게 더 급하다'라고 말하면서 지역구에 남지 않았을까… 엄중한 코로나19 방역 때문에 솔선수범해야겠다는 생각에 선거운동 대신 방역복을 입고 소독하는 일에 동참한 적도 많았다. 그 순간은 김영춘이 보이지 않았을 것이다. 나 나름은 열심히 했으나, 선거를 너무 쉽게 생각해서 패배를 한 것이 아닌가, 그런 자기 비판을 한다. 21대 총선을 생각하면…

4년 전 20대 총선에서 더불어민주당은 부산에서 국회의원 5명을 당선시켰다. 보궐선거 때 한 명 더 돼서 6명이 있었다. 그러나

21대 총선에서는 3명만 당선되었다. 민주당이 서울과 수도권 쪽에서 압승했으나 부산은 거꾸로 갔다. 어째서 부산은 거꾸로 갔는가.

국회 사무총장을 맡으며

총선에서 낙선한 후 나는 다시 전국을 주유하면서 사람들을 만나야겠다고 생각했다. 그 무렵이었다. 21대 국회 전반기 국회의장 내정자인 박병석 의원이 내게 국회 사무총장 직을 제안했다. 어째서 내게 국회 사무총장 직을 제안하시느냐고 그 까닭을 여쭈었더니, 대통령이든 누구든 내가 겁을 내지 않고 '할 이야기는 하는' 모습이 인상적이었던 모양이다. 해수부 장관을 하면서도 일을 잘 했으니 국회를 개혁할 사무총장 적임자라고 생각한다고, 꼭 같이 일하고 싶어서 제안을 하는 거라고 답하신다.

— 제가 임기 2년을 다 못할 수 있습니다. 중간에 그만둘 수도 있는데 그래도 괜찮겠습니까?
— 괜찮아요. 초기에 하는 작업이 가장 중요하니까, 인사 문제를

비롯해서 국회의 기본적인 개혁 기틀을 잡아주면 그다음부터는 누가 해도 쉽지 않겠어요?

그래서 국회 사무총장 직을 맡게 되었다. 인사문제부터 시작했다. 국회는 오랫동안 내려온 관행과 전통에 익숙한 조직이었다. 연공서열식 인사가 관행이었다. 기수별로 승진했다. 또한 여성 유리천장이 있었다. 정부에 비해 이런 관행적 인사가 더 고착화된 상황이었다. 연공서열식의 질서를 바꾸자, 열심히 일하고 능력 있는 사람이 더 존중을 받는 풍토를 만들어 보자, 이것이야말로 일하는 국회의 밑돌놓기라고 생각했다. 경력과 전문성, 국회구성원의 내부 평가 등을 종합적으로 반영하여 차관급과 차관보급 인사를 단행했다. 공채 출신으로 최초의 여성 수석전문위원을 임명하고, 9급 출신의 최초 상임위 수석전문위원도 임명했다.

요즘 세상은 어느 곳이니 디지털화가 진행되고 있다. 거기에 맞게 행정도 마찬가지로 변화한다. 그런데 디지털 세계 속에서 가장 느린 곳이 국회였다. 이미 정부에서 보편화되고 있는 화상회의 시스템이 국회에는 없었다. 전자 결재 시스템도 국회에서는 거의 실행되지 않았다. 대면 보고가 대부분이며, 그게 아니면 문서를 출력해서 서면으로 보고하는 시스템이었다. 세상의 변화를 전혀 좇지 못하고 있는 국회 사무처에 디지털 혁신을 해야겠다는 생각이 들었다. 긴급하거나 대면 보고가 아니면 안 되는 보고를 제외하고 전자 보고와 전자 결재로 행정시스템을 바꿔가는 작업을 실시했다. 이를 위해 국회 사무처에 디지털혁신추진단을 마치 벤처 조직처럼 테스크포스로 만들어서 운영했다. 코로나19에 대응하면서 빠른 시간 내에 기본 틀을 만들어낸 그들이 참으로 고생했다. 앞으로도 효율적인 디지털 시스템을 구축하고 발전시키는 일이 국회 사무처의 중점적인 혁신사업이 될 것으로 전망한다. 이 일은 박병석 의장이 열정적으로 뒷받침하고 있다.

우리 국민들은 국회를 국회의원이 맨날 싸우는 곳이라고 생각한다. 언론매체를 통해 보이는 국회는 정쟁과 다툼으로 일관하는 곳이다. 그러나 사람들에게 좀처럼 잘 알려지지는 않지만 그런 국회의원들조차 생산적인 활동을 하는 경우가 많다. 입법을 위한 토론회를 개최하고 또 전문가를 통해 자문을 구하면서 활동한다. 이런 국회의원들의 입법활동을 제대로 완성시키기 위해 철야를 하고 밤잠을 자지 못하면서 일하는 수천 명의 국회 직원들이 있다. 그들의 노고를 국민들이 잘 모른다. 그래서 홍보가 필요하다. 홍보라는 게 없는 것을 만들어서 전하는 게 아니다. 있는 그대로를 드러내서 전달하는 일이다. 그런 홍보를 잘하라고 케이블 TV로 나가는 국회방송이 있다. 그런데 채널 번호가 방송사업자마다 다 다르다. 어떤 사업자 망에서는 200번 대이다. 300번 대도 있다. 이것을 65번으로 일원화해서 맞출 수 있다면, 조금 더 홍보에 유리하지 않을까. 미국의 시스팬C-SPAN[26]처럼 국회방송이 발전한다면 더할 나위 없을 것이다.

보이는 곳에서 열심히 일하는 사람들이 있다. 그러나 보이지 않는 곳에서 열심히 일하는 사람들도 있다. 국회 직원들이 그들이다. 국민들에게 잘 보이지 않는 사람들의 조직이지만, 이런 조직에서 '유산균' 같은 행정을 펼칠 수만 있다면 결국 그것이 국민들을 위한 일이 아니겠는가.

---

26 C-SPAN(Cable-Satellite Public Affairs Network)은 미국의 케이블 방송과 위성TV 네트워크이며, 1979년 설립되어 비영리 방송을 제공한다. 24시간 방송으로 의회 활동과 공공 이슈를 전문적으로 다룬다. C-SPAN은 미국 하원의회를 방송한다. C-SPAN2는 미국 상원의회에 초점을 두고 방송한다. C-SPAN3는 각종 행사와 보관된 사료물을 방송한다.

코로나19 이후의 정치

2020년은 코로나19 대유행으로 벌써 전 세계에서 5천만 명 이상 감염되었고 백만 명이 넘는 사람들이 목숨을 잃었다. 우리나라에서도 예외는 아니었다. 코로나19로 말미암아 오백 명이 넘는 귀중한 생명을 잃었다. 우리 정부는 코로나19에 맞서 국제 사회에서 상찬을 받을 정도로 잘 대응하고 있다. 무엇보다 국민들이 정부의 방역대책을 신뢰하고 합심하여 행동한다. 이런 국민의 힘이야말로 우리나라가 코로나19 확산을 억제할 수 있는 진정한 저력이다. 물론 고통스럽다. 경제가 위축될 수밖에 없다. 가뜩이나 힘든 상황에 처해 있는 우리 국민들에게는 이게 보통 힘든 일이 아니다. 게다가 지금 상황이 언제 끝날지도 모른다. 언제쯤 백신과 치료제가 개발돼서 바이러스 감염의 위험으로부터 벗어날지 전문가조차 모른다. 사람들은 코로나 이후의 시대를 일컬어 '뉴노멀 시대'라고 부르는데, 그렇다면 뉴노멀 시대의 정치는 어떻게 변화할 것인가.

국회 이야기를 해 보자. 앞에서 이야기한 것처럼 우리 국회는 올봄만 하더라도 코로나19에 잘 대응하는 시스템이 마련되어 있지 않았다. 변변한 매뉴얼도 없었다. 국민들이 사회적 거리두기에 동참하는 데 국회라고 예외일 수 없었다. 하지만 국회는 준비가 안 돼 있었다. 이미 정부 조직에서 적극적으로 시행 중인 화상회의 시스템도 갖춰지지 않았다. 그러나 무조건 해내야 했다. 몇 달 만에 시스템이 국회에 도입되었고, 비대면 의정활동이 자리를 잡기 시작했다. 국정감사 시즌만 되면 국회는 도떼기시장처럼 시끄러워진다. 피감기관 사람들과 기자들로 북적이며 서로 섞인다. 시끄러울 수밖에 없다. 코로나19가 이런 풍경도 바꿔놓았다. 국정감사 시즌이 됐음에도 조용하다. 조용할 수밖에 없다. 출석 인원을 제한하고 화상회의 시스템으로 보완하면서 국정감사를 하기 때문이다. 전국에 흩어져 있는 피감기관 일부는 서울에 있는 국회로 오지 않고 비대면 실시간 화상 출석으로 감사를 받는다. 국회 외교통일위원회는 해외 공관을 감사한다. 예전에는 외통위원들이 지역별로 조를 짜서 직접 해외로 나가 감사를 했다. 그러나 올해에는 화상 시스템으로 감사를 진행했다. 코로나19가 진정되면 다시 직접 만나는 방식의 국정감사로 되돌아갈까? 아마도 오프라인과 화상 시스템을 함께 사용하는 '하이브리드' 방식으로 진행되지 않을까. 나는 코로나19에 대응하는 정책이 디지털 혁신에 기반한 4차 산업혁명 시대를 더 촉진하리라 생각한다. 코로나19 때문에 네트워크에 기반한 디지털 기술과 인공지능을 이용한 새로운 시대가 더 앞당겨진다는 얘기다. 처음에는 만나지 않고 소통하는 게 불편하고 낯설겠지만 결국 그것이 더 편리하다. 코로나19가 효율정치의 촉진제가 된 것이다. 효율정치를 하자.

예전에는 장사가 안돼서 죽겠다는 사람들의 하소연이 흔했다. 그러나 코로나 바이러스가 대유행을 하자 그런 말씀이 줄어들었다. 왜 안 힘들겠는가. 전 세계가 안 좋고 모두가 힘드니까 국민들이 침묵하면서 인내하는 것이다. 고통을 참으면서도 뉴노멀 시대에서 살아남기 위해 변화하려고 애쓰는 사람들이 있다. 부산 초량동에는 내가 자주 가는 돼지국밥집이 있다. 어느 날 가 보니 돼지국밥을 포장판매로 파는 것이다. 포장된 돼지국밥을 집에서 데우기만 하면 된다. 코로나 이후가 더 호황이라고 한다. 서울 가는 길에 돼지국밥을 포장해서 갈 수도 있다. 인터넷으로도 판매한다. 지금껏 사람들은 가게에서 바로 나온 돼지국밥을 먹어야 한다고 생각했다. 초량동 돼지국밥 사장님은 그런 생각을 뒤집는 것이다. 저마다 살아남기 위해 전에 없던 모험을 한다. 그리하여 새로운 트렌드가 생긴다. 이처럼 시장에서는 새로운 상상력이 일어날 것이다. 우리 정치도 거기에 맞춰 뉴노멀 시대를 맞이해야 한다. 결국 이것은 디지털과 네트워크 기술에 기초한 4차 산업혁명 시대에 맞닿아 있는데 기존 법규를 잘 정비하여 시장에서 생기는 새로운 도전과 모험을 촉진할 수 있는 제도적 뒷받침을 정치가 해야 한다. 모든 사람이 새로운 시대에 적응하는 것은 아니다. 잘 못하는 사람들도 생긴다. 국민들 사이에 새로운 격차가 발생할 수 있다. 디지털 시대를 잘 모르는 사람들이 피해자가 될 것이므로 이런 국민들을 위한 새로운 안전망을 생각해 내는 것도 정치가 할 일이다.

나는 앞에서 우리 대한민국을 '서울공화국'이라고 표현했다. 서울을 포함한 수도권이 대한민국의 모든 자원을 빨아들이니 우리를 고통스럽게 만드는 대한민국의 모든 모순도 서울로 집약되고 만다. 그래서 사람들의 의식과 관념은 여전히 '서울일극주의'에서 벗어나지 못한다. 서울로 가지 않으면, 서울에서 하지 않으면, 큰일 날 것 같이 생각한다. 하지만 코로나 이후 시대에서는 이런 의식과 관념이 약화될 것이다. 이제는 직접 만나지 않아도 여전히 연결되어 있음을 우리가 안다. 일하는 데 문제가 없을 뿐더러 오히려 더 효율적으로 일할 수 있음을 코로나 덕분에 우리 모두가 체험했다. 굳이 서울에 가지 않아도 된다는 사회적 의식을 반영하는 정치를 구상하면서 정책을 만드는 일, 이것도 코로나19 이후의 대한민국 정치가 가야 할 길이 아닐까?

지금껏 1979년부터 2020년까지 대한민국의 정치사를 내 인생사를 넣어가며 살펴보았다. 지난 41년간의 대한민국의 최근 역사는 다른 나라의 백 년 이백 년 역사에 필적할 만큼 변화가 많았다. 우리는 마침내 동물집단에서 볼 수 있는 우두머리 정치를 끝장냈다. 독재를 추방하고 민주주의를 이뤄냈다. 그 과정에서 고통이 심했다. 많은 생명이 죽기까지 했다. 현대사를 빛내는 영웅들의 활약도 있었다. 위정자가 아닌 민초들을 위해 국가를 운영하는 전에 없던 좋은 정부도 만들어냈다. 먹고 사는 수준만 본다면 확실히 옛날보다 좋아졌다. 그러나 국민들이 원하는 최소한의 삶의 기준도 함께 높아졌다. 이것이 과거보다 우리네 삶이 더 나아졌다고 말하기 어려운 까닭이다. 국민의 고통은 여전하다. 그리고 지속된다. 양극화로 말미암아 희망이 없다고 토로하는 사람들이 늘어났다. 지역주의의 병폐와 서울공화국의 모순은 잘 해결되지 않는다. 그런 병폐와 모순 속에서 국민들만 고통스럽다. 어느새 나도 나이가 들었다. 젊은 나는 30년 후에는 천국 같은 세상이 될 줄 알았다. 세상은 그렇게 되지 않았다. 1986년 스물여섯 살의 나이로 YS의 비서로 시작한 정치인으로서의 내 여정은 '인본주의 정치'라는 생각의 틀을 만들고 국가가 아닌 국민을 우선하는 '국민주의'를 정립하는 지난한 과정이었다. 대결과 정쟁이 반복되는 대한민국의 정치 속에서도 나는 계파정치보다는 소명의 정치를 하고 싶었다. 올바른 소리를 내는 데 망설이지 않고 그 올바름을 위해 승부를 걸기도 했다. 그사이 내 얼굴 피부도 거칠거칠해졌다. 나는 코로나19에 맞서 싸운 우리 국민들의 헌신적인 노력을 봤다. 국민의 노력이 없다면 아무리 좋은 정부여도 결과를 낼 수 없다. 좋은 정부만을 생각하지 말자. 국민주의는 어려운 게 아니다. 국민으로부터 신뢰를 받는 정부를 생각하기에 앞서 먼저 국민을 신뢰하고 그들을 우선하는 정치를 생각하는 것이다. 우두머리 정치는 끝났다. 인본주의와 국민주의는 뉴노멀 시대의 정치가 가야 할 궁극의 지평이다.

에필로그

문학소년으로 세상을 바라보던 시절이 있었습니다. 그때 정치는 그저 책과 역사 속에서 존재하는 것이었습니다. 존경해 마지않던 김지하 시인이 박정희 정권에 저항한 죄로 무려 5년이나 독방 감옥에 수감되어 있다는 사실에 정치를 조금 실감하는 정도였습니다. 그런 소년에게 세상이 정치라는 프리즘을 통해 보인 것은 1979년이었습니다. 고3 시절이었습니다. 유신독재 타도를 외치며 부산에서 시작된 부마항쟁을 통해 정치가 내 인생의 영역으로 성큼 다가왔습니다. 가슴 떨리면서도 두려운 당대의 문제였습니다. 부산과 마산 시민들은 종신집권을 획책한 유신독재에 맞서 민주화를 요구하는 야당 총재 김영삼 의원에 대한 제명 조치를 용납할 수 없었습니다. 부마항쟁의 발발부터 열흘 뒤 중앙정보부장 김재규의 박정희 저격으로 한 시대를 마감한 10.26사태까지 나는 생에서 가장 민감한 나이에 시대와 역사의 큰 파동을 거리와 신문에서 보고 겪었습니다. 그렇게 나는 정치와 만났습니다.

대학에 입학한 다음에는 5월 광주의 고통에 대한 숨바꼭질의 시간이었습니다. 진실을 알고 나서는 당연히 맞서 싸워야 하는데 두려웠습니다. 넉넉지 못한 집안 형편 가운데 서울 사립대학의 4년 전액 장학금 혜택이 방해가 되기도 했습니다. 그건 전두환 정권과 싸워야 한다는 내 인간적 자존 선언을 막는 당근이었습니다. 그 두려움과 방해를 떨치고 나는 조금씩 민주화 운동에 발을 들였습니다. 그러면서 시인을 꿈꾸었던 소년이 점점 학생운동가로 변모했습니다. 부마와 광주의 아픔을 체험하면서 나는 현실참여파가 되었습니다. 내게 사명으로 주어진 과제는 정치적, 사회적 민주화의 실현이었습니다. 정치적 민주화는 6월항쟁을 거치고 87년 신헌법체제와 대통령 직선제 선거 실시를 이루어 내면서 어느 정도는 달성되었습니다. 사회경제적 민주화도 언론과 노동운동의 자유화가 이루어지면서 상당 부분 진척되었습니다. 적어도 97년의 외환위기 이전까지 각 분야의 민주화, 자율화는 지속적으로 발전한 것이 사실입니다.

외환위기가 없었다면, 그래서 신자유주의가 한국 경제와 사회를 완전히 바꾸어 놓은 충격이 없었다면 나는 그저 재선, 삼선을 추구하는 평범한 정치인이 되었을지 모릅니다. 세상이 점차 좋아져 간다는 믿음 속에서 나이만 먹었을 겁니다. 그러면서 쌓여가는 기득권에 취했을 것이고 점점 보수화되어 갔을지도 모릅니다. 그런데 1997년 외환위기를 맞아 온 나라가 한순간에 변해버렸습니다. 정신이 번쩍 들었습니다. 내가 만들어 가야 할 정치라는 게 더욱 절박한 것으로 변화했습니다. 그때 나는 국회의원에 처음 당선되었습니다. 2000년 16대 총선이었습니다. 초선 국회의원으로 등원하면서 나는 결심했습니다. 국회의원을 한 번만 하더라도 제대로 하자, 국회의원은 이미 우리나라의 지도층 인사이니 그 도덕적 의무를 다하자, 이른바 '노블리스 오블리제'라는 서양의 미덕을 한국에서도 실천해 보자. 국회의원을 하는 동안 어떤 계파에도 속하지 말자고도 결심했습니다.

— 오직 애국심과 양심의 명령대로 정치를 해보자.

그게 내가 가야할 길이라고 믿었습니다. 보통 힘센 지도자에게 줄서기를 합니다. 그렇게 계파에 몸을 담는 것은 자기 이익을 위해서입니다. 그게 현실정치라면서 스스로 정당화합니다. 그런데 그 파벌정치가 양심의 명령을 지워버립니다. 내 편의 큰 허물은 덮고 다른 편의 작은 티끌은 산더미처럼 키웁니다. 내 말이 아닙니다. 일찍이 4백 년 전에 성호 이익 선생이 하신 말씀입니다. 나는 그런 게 싫었습니다. 진실을 왜곡해서 거짓이 판치게 만들고, 정직하고 올바른 정신을 가진 사람이 정치에서 쉬 밀려나는 세상을 바꾸고 싶었습니다. 나 혼자서 다 바꿀 수는 없겠지만 그래도 그런 정치도 가능하다는 것을 보여주고 싶었습니다. 작은 증

거라도 되고 싶었습니다. 지난 20년은 그런 몸부림의 시간이었습니다. 한나라당의 촉망받는 초선 의원에서 탈당하고 들판으로 나가 독수리 5형제가 되었습니다. 그 결과가 열린우리당 창당이었습니다. 뜻은 좋지만 당선이 불가능한 무모한 도전이라는 소리를 들었습니다. 국민들이 살려주었고, 그 덕분에 재선 의원이 되었습니다. 하지만 지역주의를 극복하고 권위주의를 탈피하려는 정치운동은 뜻대로 잘되지 않았습니다. 열린우리당의 문을 닫아야 했던 좌절감과 책임감 때문에 18대 국회의원 선거에 출마하지 않겠다고 불출마 선언을 했습니다. 야인이 되었습니다. 정치에서 멀어져 있었고 아예 정치를 떠나려고도 생각했습니다. 그 무렵 노무현 대통령이 죽었습니다. 나는 노무현 대통령의 유지를 받들어 이어달리기를 해야겠다는 마음으로 민주당으로 돌아왔습니다. 서울 광진구에서 '3선 뱃지'를 달 마음은 생기지 않았습니다. 그래서 옛 지역구로 돌아가라는 고마운 제안을 사양했습니다. 쉽게 정치하려는 생각이 추호도 없었습니다. 고향 부산으로 갔습니다. 2012년 총선에서 민주당 후보로 도전해서 낙선했습니다. 부산과 부산의 정치를 다시 일으켜 세워보겠다는 주제넘은 목표를 세우고 계속 도전했습니다. 사람은 참 신기하지요. 확고한 목표가 있으니 힘든 줄도 몰랐습니다. 오히려 이상주의를 좇는 마음에 로망 같은 게 생깁니다. 2014년 부산시장 선거에서 민주당 후보로 선출되었습니다. 그러나 본선에서 나보다 지지율이 높았던 무소속 오거돈 후보에게 야권 단일후보를 양보했습니다. 부산에서 한나라당 일당 독점의 정치를 깨뜨려 보고 싶었기 때문이었습니다.

그런 노력 끝에 2016년에는 드디어 부산에서 3선 당선의 영광을 누렸습니다. 장관까지 지냈다가 다시 떨어졌습니다. 이런 게 인생입니다. 이런 게 정치입니다. 백수로 야인으로 지내는 것은 겁나지 않습니다. 내가 겁나는 것은 마음이 바뀌는 것입니다. 마음이 있어야 멀리까지 가야 할 길이 보입니다. 그 마음을 초심이라고 합니다. 그래서 나는 이소노미아 출판사의 제안을 받아들여 내가 겪고 봤던 역사를 하나하나 떠올리고 기록하면서 내 마음을 지키기로 했습니다. 40년 전 두려움에 떨며 조국의 민주화를 위한 학생운동에 나설 때의 첫 마음도 떠올려 봤습니다. 20년 전 처음 국회의원에 당선되면서 생겼던 사명의 정치에 대한 다짐도, 10년 전 부산으로 돌아오면서 마음먹었던 각오도 다시 생각납니다. 그리고 지난 세월 내가 목격하고 내 마음을 아프게 한 수많은 고통과 그 고통의 원인과 희망에 대해서도 이 책에 기록해 보았습니다. 이런 것들이 내가 지켜야 할 초심입니다. 그 마음들을 상기하고 다잡으며 내가 바라본 길을 향해 다시 가겠습니다. 감사합니다.

편집여담

지적인 시간여행

∞

마담쿠 | 41년의 시간여행이었습니다. 그것도 현역 정치가와 함께한 지적인 역사기행이었어요. 독자 여러분은 이 여행이 어땠나요? 저자에게 집필을 제안하기 전에 먼저 우리 두 편집자가 이 '여행 상품'을 기획하고 설계해 봤습니다. 1980년부터 시작해서 2020년까지 최근 우리나라의 40년 '정치의 역사'를 친절하게 안내해주는 책을 생각했습니다. 그런데 저자는 1979년으로 시계를 1년 더 앞으로 돌려서 시작했어요. 설득력이 있었습니다. 그렇게 시작하니까 70년대 유신시절부터 자연스럽게 연결되더군요. <고통에 대하여>는 무엇보다 정치에 관한 이야기입니다. 사람마다 입장을 갖고 있어서 예민하고 쉽게 다루지 못하는 주제이지요. 그래서 몹시 긴장되는 작업이었습니다. 저희의 의도는 읽으면 읽을수록 푹 빠지는 깊이를 선물하는 것이었거든요. 그러므로 이 독서여행을 안내할 훌륭한 길잡이가 필요했습니다. 누구보다 길을 잘 알고 있어야 하므로 멀리 떨어져서 말하는 평론가보다는 현장에서 활동하는 정치인이 좋겠고, 또 이쪽과 저쪽 모두가 '그 사람의 이야기라면 한번 들어볼 만해'라고 평가할 수 있는 자격을 갖춘 인물이어야 했습니다. 그 결과가 '김영춘'이었습니다. 우리는 어떻게 저자에게 이 여행을 설명했으며, 또 그는 어떻게 우리의 제안을 수락했을까요?

∞

코디정 | 저자가 21대 총선에서 낙선했습니다. 그게 우리에게는 기회가 됐는지도 모르겠어요. '백수'가 된 저자가 배낭을 메고 팔도투어를 한다는 소식을 신문을 통해 들었어요. 그래서 제가 연락했지요. 기왕에 기행하시는 거라면 저술도 함께하는 것이 어떠시냐고요. 그렇게 해서 만났습니다. 정식

제안을 하기 전에 저자가 그동안 펴낸 책을 모두 살펴봤어요. <부산희망찾기>, <신40대기수론>, <나라뒤집기>, <내 손으로 바꾸는 정치>, <대한민국 자전거 & 도보여행> 등입니다. 이분이 한때 문학지망생이었어요. 어떤 책은 문장이 정말 좋습니다. 또 이분이 '공부쟁이'입니다. 어떤 책에는 매우 깊은 사유가 담겨 있었습니다. 제가 '정치전쟁'이라는 컨셉으로 박진감 넘치는 40년 한국정치사를 집필해 보는 걸 제안했지요. 우리나라는 정치가 과잉되어 있는 반면, 지식과 통찰을 동시에 주는 책이 드물다고 한탄하면서요. 저자가 20대 중반의 젊은 나이에 YS 비서가 되어 정치에 입문했기 때문에 현역정치인 중에서 거의 최고참입니다. 저자도 한번 인생을 돌아보면서 정리할 때가 되었다고 판단하셨던 것 같아요. 우리 제안에 응했습니다. 그런데 그 후 국회 사무총장이 되는 바람에 집필에 어려움을 겪었습니다. 팔도기행은 커녕 더 바빠졌으니까요.

정작 정치를 모른다

∞

마담쿠 | 보통의 시민은 저와 같지 않을까 조심스럽게 추측합니다. 정치에 특별한 관심을 두지 않고 삽니다. 그렇다고 완전히 무관심하지도 않습니다. 매일 신문과 인터넷 뉴스로만 접하는 정치는 아수라장이고 하루하루 한 편의 쇼를 본다고 생각합니다. 정치적 사건들이 SNS를 통해 사람들에게 마구 전해집니다. 여기에서 조금 저기에서 조금. 그렇게 정치를 관전하다 보니 정작 사건의 포인트를 설명해 보라고 하면 잘 모르고 설명하지도 못합니다. 하지만 아예 모른다고 하기에는 주워들은 게 많지요. 저는 이런 식의 불량한 시민입니다. 많은 사람이 저와 다르지 않을 거라 생각하고요. 정

치에 관해 말하면서도 정작 잘 모른다는 불안감을 갖고 있으며 그래서인지 관심사는 사건 자체보다 주로 '누가 더 나쁜가', 혹은 '누가 옳은가'에 맞춰져 있습니다. 하지만 이 책을 읽으면서 머릿속에서 파편적으로만 담겨 있던 지식이 서로 질서있게 연결되는 듯한 체험을 했습니다. 일단 재미있고 또 빠르게 읽혔어요.

어서 전혀 모르던 얘기를 읽노라면 마치 내가 어째서 그동안 그런 부분에 관심을 갖지 않았을까 의아해지게 만드는 그런 종류의 재미였습니다. 제가 알고 있던 지식을 흔드는 도전적인 모험 같았어요. 그러면서 좀 배웠습니다. 정치가 재미있다니…. 진지한 사람의 은근한 유머도 이야기하지 않을 수 없군요. 일단 김영삼 대통령과 관련된 이야기는 그 서사 전체가 유머로 다가왔어요. 아빠와 아들 관계처럼 말이지요. 1장에서 YS가 현장에 가지 말라고 했건만 '비서'라면 현장을 살펴봐야 한다며 정치 깡패들이 행패 부리는 곳에 갔잖아요? 그러다가 깡패 발길질에 맞아 널브러졌고요. 4장에서 아들에게 함께 부산에 내려가자며 'LG'는 사실 '롯데 자이언츠'의 줄임말이라고 설득하는 이야기도 있었습니다. 이런 게 저자의 진지한 유머입니다. 저자의 유머는 농담과는 좀 달라요. 진지한 그는 아

정치가 재미있다니

∞

코디정 | 네, 저도 재미있었어요. 특히 1장과 2장의 몰입도가 굉장했지요. 제가 좀 알고 있는 것을 누군가 흥미롭게 정리해서 얘기해 주는 것도 재미있잖아요? 하지만 이 책의 재미는 그런 종류와는 달랐습니다. '내가 알고 있던 지식은 뭐였지?'라는 기분이 들 정도로, 내가 잘못 알고 있는 부분을 지적하기도 하고, 내가 별로 관심이 없

마 농담을 잘 하지는 않을 거예요. 그러나 진지함이 낳는 유머도 있는 법입니다.

프레임이 없다는 것
∞

마담쿠 | 가끔 유명한 진보 논객이나 보수 논객이 풀어놓는 정치 이야기를 들을 때 혹은 그들의 글을 읽을 때 묘한 불편함을 체험해요. 어떤 프레임이 있어서 그 프레임 안에 사람이 갇혀 있는 기분이 들어요. 어쩌면 사람의 존재 자체가 프레임일지도 모릅니다. 하지만 이 책에는 그런 프레임에서 자유롭다고 해야 할까요? 정치적인 사건들이 객관적으로 다가오는 느낌을 받았어요. 우선 대부분의 글이 친절함과 영리함을 오갑니다. 현대 정치가 어디에서 시작했는지 잘 모르는 독자를 위해 친절하게 설명하면서도 '정치사'라는 컨셉에 충실합니다. 또 대립과 충돌이 있던 사건을 일목요연하게 정리하면서도 필요 이상으로 감정을 넣지 않기 때문에 적군을 만들지 않는 젠틀함이 있어요. 이런 영리함과 젠틀함이 이 책의 매력처럼 느껴집니다. 또한 이 책의 제목이 <고통에 대하여>라는 게 의미심장합니다. 승리를 위해 싸우는 전쟁에서도 결국 인류에게 남는 건 고통이니까요. 한국 현대정치의 역동적인 재미를 주면서도 그 이면에 남겨진 고통을 놓치지 않습니다.

정치적 자유인
∞

코디정 | 우리가 잘 알고 있는 논객보다 이 책의 저자가 훨씬 통찰력이 있다는 것을 이 책 여러 군데에서 알 수 있었습니다. 그것이 가능한 까닭은 저자 특유의 진영 논리에서 벗어난 '자유로움' 때문인 것 같아요. YS 밑에서 정치를

시작했고 한나라당에 있다가 탈당해서는 열린우리당 창당 멤버가 된 후 민주당계 정치를 하고 있으니까요. 서울에서 촉망받던 젊은 정치인이었다가 부산에서 다시 새로운 정치를 하는, 말하자면 경계를 넘나드는 사람입니다. 사람들이 저자에 대해 '정치적 자유인'이라고 평가하더군요. 계파정치를 안 하는 사람이다 보니 편가르기를 하지 않고, 소위 '정치공학적으로' 인위적인 프레임을 만드는 데 별로 관심이 없는 것 같아요. 이런 성향의 사람들은 대체로 조직 내에서 퇴출되기 십상인데 그럼에도 지금껏 여전히 정치 현장에서 활동할 수 있는 저력은 마담쿠가 이야기한 것처럼 저자가 지닌 영리함과 젠틀함 덕분이 아닐까 생각해요. 윤여준 전장관이 말하는 것을 들었는데, 그분이 이렇게 말하더군요. 저자가 30대 나이에 한나라당 국회의원이던 시절 이야기입니다. 젊은 의원들이 주류 의견과 다른 주장을 하면 야유가 심하게 나오는데, 이상하게도 김영춘이 나와서 말을 하면 다들 경청하고 누구도 비난하지 않더라고요. 그게 참 신기했다고요.

이 시대의 고통
∞

마담쿠 | 현재를 살아가는 내가 겪는 고통이 과거에 비해 매우 작고 개인적인 고통이라고 생각했어요. 그것에 비해 삼사십 년 전에 살던 사람들의 고통이 훨씬 크고 아팠을 거라고 생각했지요. 이러 생각은 이 책을 읽기 전에도 또 읽은 다음에도 크게 변함은 없습니다. 다만 책을 읽을수록 과거의 고통이 현재보다 덜 외로웠겠다(?) 라는 생각이 들었습니다. 독재에 의한 억압과 탄압이라는 고통은 우리 모두가 바꿔야 할 당면 과제였잖아요? IMF 이전의 고통은 경제 성장을 이유로 다 함께

헤쳐나가야 할 숙제였고요. 하지만 IMF 이후 양극화가 심해졌습니다. 사회 구조가 고통을 야기했고 그렇게 생겨난 고통은 점점 개인 탓이 돼버렸어요. 대기업과 중소기업의 격차, 정규직과 비정규직 문제는 사회 문제인데도 잘난 사람과 못난 사람을 가르는 잣대로 전락했어요. 옛날에는 사회적 고통을 해결하기 위해 함께 싸웠는데, 지금은 사회적 고통 안에서 서로 싸운다고 해야 할까요? 요즘 세대가 살기 힘들다고 하면, 팔구십 년대 시대를 겪어낸 어른들은 자기들이 체험한 고통에 비하면 배부른 소리라고 하지요. 하지만 꼭 그런 건 아니라고, 고통의 종류가 다른 거라고 생각했는데 이 책에서 그 부분을 정확히 짚어줬습니다. 그래서 그런지 한동안 여러 가지 생각이 꼬리에 꼬리를 물고 이어졌어요.

사보타주

∞

코디정 | <사보타주> 에피소드에서 그런 예리한 통찰을 느꼈어요. 마담쿠가 말한 '고통의 개인화'에 대한 글이라고 말할 수 있겠지요. 사람들의 고통이 개인화됨으로써 체념으로 저항한다는 <사보타주>는 마치 더이상 80년대의 민주화 시대를 추억하지 말고 지금 현재의 고통에 집중하라는 경고로 들렸습니다. 저자가 말하듯이 시대마다 다른 아픔이 있습니다. <고통에 대하여>라는 책 제목에서 여러 사람의 고통이 제게 전해졌어요. 옛날 군사독재 시절 폭력에 의해 인권과 정의가 유린되었던 그때의 고통도 있고, 자기가 바라던 정치에 대한 좌절로부터 비롯된 저자 개인의 고통도 들어 있지만, 바로 이 시대, 지금 우리의 고통을 주목하라는 메시지도 느낄 수 있었어요. 저도 여러 생각이 꼬리를 물었습니다.

정치 교양 교과서

∞

마담쿠 | 한국의 이 다이내믹한 역사는 제대로 이해하고 따라가기가 참 어렵습니다. 외국에서 대학을 졸업하고 한국에 돌아왔을 때, 저는 다시 꼬맹이로 돌아간 기분이었어요. 모르는 게 너무 많았거든요. 특히 정치는 모든 분야에 관련되어 있기 때문인지 생활 속에서 툭툭 튀어나오곤 했는데 그때마다 말 돌리느라 바빴습니다. 공부 좀 해야겠다고 생각했지만 어디서부터 시작해야 할 지를 몰랐어요. 일단 많이 들었습니다. 어떤 사건이나 인물에 대한 단순 호기심이 들 때가 있어요. 그러면 인터넷으로 조사도 하면서 공부했고요. 하지만 역사의 큰 틀과 흐름까지는 알기 어려웠습니다. 정당은 또 왜 그렇게 많은지… (물론 이름을 바꾼 것에 불과하겠습니다만, 그렇다면 이름을 또 왜 그리 자주 바꾸는 것인지요?) 제가 정치의 역사를 연구하는 사람도 아니고, 정치에 무슨 대단한 관심이 있는 것도 아니어서 '그런가 보다' 하고 넘어갔습니다. 그러다 보니 알아야 할 게 쌓이는 것 같았고, 결국 '복잡하다'라는 단어 하나와 함께 정치에 대한 마음을 접었지요. 그러다 이 책을 편집하면서 현대정치사의 흐름을 알게 됐어요. 그래서 이 책은 저에게 훌륭한 정치 교양 교과서입니다. 저 같은 '정치 어린이'도 깔끔하게 이해할 수 있도록 해주었어요.

에케 호모

∞

코디정 | 저도 우리 모두의 '정치 교양 교과서'라는 말에 동의해요. 41년 동안 정치적으로 의미있는 사건들을 잘 소개하고 있습니다. 일종의 역사 책이긴 합니다만, 역사를 위한 역사를 말하기보다는 정치 교양에 필요한 역사를 말합

니다. 현대정치사에 관한 책이 더러 있기는 해도 이 책은 좀 달랐어요. 객관적인 사실로 말해지는 공적인 역사가 균형을 잡고 있으면서도 개인의 마음속에서 요동하는 사적인 역사가 섞였습니다. 역사란 무엇인가라는 질문에 더해 정치란 무엇인가라는 또 다른 질문이 함께 전해집니다. 그래서 정치사에 입체감이 생기는 것 같았어요. 저는 이 책을 편집하면서 라틴어 '에케 호모 Ecce home'라는 문구가 떠오르더라고요. 우리말로 풀어 보면 '이 사람을 보라'는 뜻입니다. 죄수로 몰려 고난을 당하는 예수를 가리키는 본시오 빌라도의 말이었습니다. 철학자 니체의 책 이름이기도 합니다. 물론 불경스럽게 저자를 예수에 비유하거나(저자는 카톨릭 신자입니다), 무모하게 니체를 빗댈 수는 없지요. '김영춘이 이런 사람이었어?'라는 놀라움이 들었다는 이야기입니다. 우리가 흔히 아는 86세대 정치인이 아니었어요. '정치인'이 아닌 '정치가'라고 불러야 어울리는 거물이었습니다. 말하자면 '김영춘의 발견'이었습니다. 시끄럽고 골치 아픈 문제들이 우리나라에 여전히 산적해 있지만 그래도 이런 사람이 고통스럽게 정치를 하고 있으니까 뭔가 안심이 되고 또 왠지 위로를 받습니다.

고집쟁이

∞

마담쿠 | 책의 앞부분에서 저자가 정치사를 흡수해서 내면화한 다음 그걸 언어로 표현하느라 저자 개인의 서사가 잘 드러나지 않았어요. 작가의 목소리보다는 역사의 함성이 더 크게 들렸습니다. 그러다가 중후반 부분에서 저자의 고집이 드러납니다. '고집'이라는 단어가 나쁘게 들릴 수도 있을 것 같아요. 하지만 '자존심'이나 '자부심'이라고 하기에는 삶의 방향

이 자신을 향해 있는 것 같지 않고, '소신'이라고 하자니 정치인의 덕목 같은 거라서 진부하더라고요. 스스로 가야 할 길을 중간에서 새지 않고, 잃어버리지도 잊지도 않고 계속 가는 것, 그것이 '고집'의 뜻이라고 생각했어요. 그래서 이 책의 저자야말로 진정한 고집쟁이라는…, 생각이 들었던 거예요. 그런데 무엇보다 이 책의 백미는 YS지요. 김영삼 대통령의 서사를 느낄 수 있어서 좋았어요. 이런 걸 어디에서 알 수 있겠어요? 김대중 대통령에 대한 격조있는 존중, 노태우 대통령에 대한 역사적인 평가도 저자의 넉넉함입니다. 그러나 박근혜 대통령에 대해서는…. 마치 평가의 대상이 되지 못한다는 눈치였어요.

YS의 재발견

∞

코디정 | 민주당 사람들이 계보를 말할 때가 있는데, 다른 사람들이 김대중-노무현 정신을 말할 때, 저자는 김영삼-노무현 정신을 주창한다고 들었어요. 본인이 YS 비서였으니까 그렇게 표현하는가 보다, 그렇게 간단히 생각했었거든요. 그런데 이 책을 편집하면서, 정말 괄목할 만한 게 바로 'YS의 재발견'이었습니다. 저는 사실 YS에 대해 전혀 관심이 없었어요. '3당 야합'이라거나 'IMF 국가부도를 일으킨 지도자'라는 인식이 너무 강하게 자리잡고 있어서, 그분에 관해 뭔가를 알려고 하지 않았습니다. YS의 공과를 말할 때, 그냥 제 머릿속에는 '과'가 깊이 새겨져 있어서 '공'을 곱씹어 볼 기회가 없었던 것 같아요. 하지만 이 책의 전반부를 편집하면서, YS를 새롭게 알게 됐어요. 그는 DJ보다 대차면서 인간적이었던 아주 보기 드문 정치인이었습니다. 만약 YS가 없었다면 이 나라 민주주의의 통치기반이 제대로 만들어졌을까,

라는 생각이 들 정도였어요. 이 책은 저한테 YS의 '공'을 바로 볼 수 있는 기회를 줬는데, 그것만으로도 사실 저는 만족합니다. 우리나라 현대사를 바라보는 시야가 넓어졌으니까요. YS는 정말 좋은 막내 비서를 뒀어요. 저자 덕분에, 적어도 내 마음속에서는 YS가 복권되었습니다. 그분이 우리나라의 대단한 지도자였음을 인정하겠습니다.

노무현 대통령

∞

마담쿠 | 노무현 대통령 부분도 재미있었습니다. 지금은 전설이 된 노무현 대통령이 어째서 재임 동안에는 그다지 인기가 없었는지 이 책을 편집하면서 알게 됐어요. 저자는 노무현 대통령에 대한 깊은 감정을 여러 번 표현했잖아요? 그것은 '친노'의 감정이 아니라 이른바 '비노'의 감정이었습니다. 그리고 복잡한 심정처럼 보였어요. 좋은 정부와 좋은 정당을 만들었는데 국민들의 고통은 심화되고 그러면서 국민들로부터 지지를 받지 못하는 상황에 대한 고뇌 같은 게 있었던 것 같아요. 부채의식을 느낀다고 말하면서도 당시에는 서로 대립하는 모습이 상상됩니다. 그래서 노무현 대통령에 관한 이야기가 더 진실되게 다가왔어요. 이명박 대통령에 대해서는 평가가 안 좋습니다. 그런데 그걸 인신공격이나 지나친 비난으로 평가하기보다는 토목공사에 관해 '개꿈을 꿨던 것'이라는 식으로 유머스럽게 이야기하니 오히려 납득이 되더군요.

독재자 추방하기

∞

코디정 | 이제 이 책을 한 장씩 열어 보지요. 제1장에서는 1979년 부마항쟁부터 1987년까지 군사

독재에 저항하는 이야기가 나옵니다. 사람들이 잘 아는, 한국 민주주의 역사 이야기입니다. 그러나 과연 잘 알고 있을까요? 앎이란 대체 무엇일까요? 저는 제1장이 상당히 좋았습니다. 낯선 이야기였어요. 역사를 바라보는 방향이 달랐어요. 예를 들어 저는 오랫동안 그 시절의 역사를 '서쪽'에서 바라봤던 것 같아요. 그런데 저자는 '동쪽'에서 서술합니다. 저는 학생운동이나 재야, 혹은 DJ를 지지하는 사람들의 관점에서 그 역사를 기억했어요. 하지만 저자는 그 시절의 역사를 YS와 상도동계의 관점으로 진지하게 설명합니다. 마치 역사의 향신료 같은 유머도 들어 있어서 거부감이 들지 않더군요. 정말 박진감 넘치는 역사 드라마였어요.

야만에서 민주주의로

∞

마담쿠 | 저한테는 제2장이 노태우 대통령에 대한 새로운 발견으로 다가왔어요. 부드러운 이미지였던 노태우 대통령이 하나회 출신 군인이라는 사실에 조금 놀랐어요. 그런 하나회를 척결한 YS의 에피소드는 나만 모르는 것인지, 아니면 알려지지 않은 것인지, 아니면 세대 차이로 말미암아 잘 전해지지 않은 것인지 궁금할 정도로 드라마틱했습니다. 금융실명제 얘기는 원론적으로 알고 있는 것보다 더 명확하게 그려졌어요. 어렴풋이나마 직접 겪었지만 함부로 평가하기 어려운 IMF에 대해서는 객관적인 결론을 얻은 것 같고요. 이유는 글보다 훨씬 더 복합적이겠지요. 하지만 방향이 올바르더라도 속도 때문에 사고가 난다는 저자의 해설이 명쾌했습니다. 능력도 갖추지 못한 채 세계화를 서두르다 큰 사고가 나버린 것

이지요. 그 시절의 고통이 납득이 되었습니다. 제1장이 드라마 같았다면, 제2장은 좀더 현실 같았다고 해야 할까요? 개인적으로 제2장 <야만에서 민주주의로>가 기억에 오래 남을 것 같아요.

좋은 정부, 나쁜 나라

∞

코디정 | 만일 이 책의 다섯 개의 장에서 가장 중요한 한 장만을 선택하라면 저는 제3장 <좋은 정부, 나쁜 나라>를 망설이지 않고 고르겠습니다. 그만큼 저한테 인상적인 이야기였어요. 사실 제목 한 줄이 모든 걸 이야기하고 있습니다. 야만에서 민주주의로 진화했고 좋은 정부를 만드는 데 성공했음에도 어째서 국민들은 더 살기 어려워졌는지, 어째서 양극화의 문제는 더 깊어만 갔는지, 이것이 민주화 투쟁을 통해 우리가 얻고자 원했던 사회였는지, 이런 의문에 대한 저자의 답변이었습니다. "우리는 좋은 정부를 만들었으나 동시에 나쁜 나라를 만들고 말았다."라는 자괴감이 담긴 진술이었어요. 저자는 대통령을 정점으로 한 대한민국 정부와, 그 정부보다 더 큰 범주인 대한민국이라는 나라를 분리해서 생각합니다. 이게 새로웠어요. 정부와 나라를 개념적으로 분리하니, 정부를 지지하면서 나라를 비판할 수 있고, 거꾸로 정부를 비판하면서 그 정부가 집권하는 국가를 옹호할 수도 있는 관점을 얻습니다. 좋은 정부가 곧 좋은 나라라고 생각하고, 나쁜 정부와 나쁜 국가를 같은 것으로 이해하는 습관을 흔들어준 것이지요. 듣고 보면 당연한 이야기입니다. 하지만 생각해내기는 어려운 얘기 아닌가요? 이런 답을 얻기 위해 저자는 대가를 지불해야 했지요. 저자는 고통스러운 깨달음을 얻는 대신 젊음을 잃었습니다. 나이를 먹은 거죠.

고통에 대하여
∞

마담쿠 | 제4장을 읽으면서 정치가 생각보다 생활 가까이에 있구나라는 기분이 들었어요. 제 개인적인 체험과 관련되는 이야기입니다. 저는 노무현 정권 중반에서 이명박 정권 초반까지 한국에 없었습니다. 유학생으로 아등바등 살 때였거든요. 나라에 대해 생각할 때는 환전할 때밖에 없을 정도로 현지 생활에 적응하느라 바빴는데 그 와중에 기억에 남을 정도로 환율 변동이 컸던 때가 있었어요. 이명박 정권 초기였어요. 정권이 바뀌자 환율이 갑자기 올랐습니다. 학비를 내야 할 시기가 다가왔죠. 고통스러웠습니다. 이것이 바로 제4장이 생활밀착형 이야기로 읽힌 개인적인 이유랍니다. 너무 사적인가요? 귀국 후 MB 정부에 대한 많은 사건을 보고 들었지만, 제게 MB 정부를 상징하는 단어는 여전히 '환율'이에요. 웃기죠? 그에 반해 박근혜 정부는 오롯이 아픈 기억이었습니다. 박근혜 정부는 세월호의 고통만 생각납니다. 마치 탄핵도 세월호의 고통에 대한 응당한 처분으로 느껴질 정도예요. 책에서도 묘사되었지만 세월호 사건은 국민 누구에게나 쓰라린 고통이에요. 미안하고 한스러워서 어떻게 반응해야 할 지도 모르겠는 사건이에요. 다만 함부로 슬퍼해서도 안 된다는 것, 슬픔을 넘어서 앞으로도 영원히 기억하고 반성해야 할 사건이라는 것, 그건 알겠어요.

희망에 대하여
∞

코디정 | 정치가와 평론가의 차이점은 책임감의 유무에 있다고 생각해요. 평론가는 고통만 말하면 됩니다. 세상을 책임질 의무가 평론가에게는 없으니까요. 하지만 정치가는 평론가와 달리 희망을

말해야 할 의무가 있어요. 희망으로 보여주고 그 희망을 구조적으로 실현해 내는 게 정치가의 임무이니까요. 제5장에서 저자는 자신이 정치가임을 보여줍니다. 흥미로웠어요. 이 책을 편집하면서 저자를 아주 여러 번 만났습니다. 언젠가 저자에게 물었어요. YS가 지금 대통령이라면 부동산 문제를 단번에 해결하지 않았을까요? 저자가 되묻더군요. 그렇게 단번에 해결할 정도의 문제라면 지금처럼 심각해졌겠냐고요. YS여도 해결할 수 없는 문제라고요. 기대를 저버리는 재미없는 답이었어요. 그때 전 실망했어요. 하지만 제5장의 <서울공화국>을 읽고 실망을 철회했습니다(웃음). 모든 모순이 서울에 집약됨으로써 발생하는 이 서울공화국의 문제는 결국 지방에서 답을 찾아야 한다는 저자의 희망 논리에 조용히 설득당했습니다.

가덕도 신공항

∞

마담쿠 | 맞아요. 제5장에서 묘한 설득을 당했어요. 특이했어요. 가덕도 신공항에 대한 저자의 주장이 가장 기억에 남아요. 저와는 아무 관련이 없는 에피소드이고 책 초반의 정치사를 아주 재미있게 읽었음에도 기억에 남는 에피소드를 단 하나만 꼽으라면 가덕도 신공항 이야기가 생각납니다. 왜 그럴까요? 바로 이어지는 <부울경 메가시티론>과 함께 그 에피소드가 희망을 이야기하고 있기 때문이 아닐까요? 광주에서 태어나 서울에 살고 있는 저는 부산과 그다지 인연이 없어요. 그렇지만 더이상 서울과 수도권이 비대해지는 그림으로는 대한민국이 건강하게 살아남을 수 없으며, 지역경제발전의 큰 그림을 위해서는 가덕도 신공항이 꼭 필요하다는 저자의 말에 완벽하게 설득됐어요. 거기에 부울경 메가시티론

이 합세해서 밀도있게 논리를 펼쳐내니, '어쩌면 이것이 한국의 다음 승부수가 될 수도 있겠구나' 하는 생각이 들었죠. 이 책은 <고통에 대하여>잖아요? 고통을 말하는 많은 에피소드를 읽으면서 그런 고통을 하나씩 해결할 수 있는 희망을 떠올리게 마련이에요. 그런데 이제 더이상 추상적인 해결방식은 지긋지긋하거든요. 뭔가 구체적인 희망 이야기를 원합니다. 뻔한 이야기 말고요. 가덕도 신공항 이야기는 우리나라 저 아래쪽에 있는 지역의 문제라고 치부할 수도 있겠지만, 곰곰이 생각해 보면 구체적인 해답 이야기잖아요? 희망이 담겨 있고요. 그래서 인상 깊었습니다.

자전거를 타는 김영춘
∞

코디정 | 이 책을 편집하면서 저한테 가장 기억에 남는 에피소드는 <누군가는 책임을 져야 하지 않는가>였어요. 정치인으로서의 저자의 모습과 정치인이 아닌 저자의 모습이 함께 담겨 있는 에피소드입니다. 열린우리당의 실패를 책임지고 재선 국회의원에 불과한 저자가 '참다운 정치인의 태도'를 말하면서 '정치공학이 아니라 정치철학에 따라 행동'하겠다며 정계은퇴(?)를 선언한 후 자전거를 타고 전국의 해안선을 주유한 이야기가 나옵니다. 이때 쓴 기록이 <대한민국 자전거 & 도보여행>인데요. 편집자는 편집작업을 하기 전에 먼저 저자에 관해 사전연구를 합니다. 저자를 좀 깊숙이 들여다 봐야 하잖아요? 그래서 그 책을 읽어 봤는데, 정다운 문장과 꾸밈 없는 인간성으로 채워진 기행문이었습니다. 이 책에서도 그 시절의 기억이 다시 언급되어 있습니다. "내리막길에서는 그 빠른 속도에 생각을 할 겨를이 없었다. 반면 오르막길에서는 힘들

게 페달을 밟으면서도 오만 가지 생각이 났다. 극한의 어려움 속에서 헉헉거리며 올라가는 데 신기하게도 머리는 전혀 딴판으로 돌아갔다." 저자는 이 시절의 체험을 계기로 좀더 성장한 정치인으로 거듭난 것 같아요. 그래서 그 에피소드가 저는 좋았어요.

계파 정치
∞

마담쿠 | 아까 코디정이 말한 것처럼, 저자는 '계파 정치'를 하지 않겠다고 다짐하면서 수십 년 동안 정치를 해 왔던 것 같아요. 그래서 책에 좀 고독한 정서가 들어 있는 느낌이에요. 그런데 저자가 YS의 막내 비서로 정치를 시작했고 '상도동계' 소속이었잖아요? 그럼 그것도 계파 정치였던 것인데…. 계파 정치에서 정치를 시작했지만 계파 정치는 하지 않겠다는 고집? 너무 이상적인 얘기일지는 몰라 도, 서로 같은 뜻으로 모여서 서로 밀고 당겨주면서 더 좋은 나라를 위해 더 좋은 정치를 하는 건 어떨까요?

YS의 비서
∞

코디정 | 저자는 '상도동계', '동교동계'로 서로 대립하는 정치를 극복하고 싶었던 것 같아요. 그래서 소위 '친노'나 '친문'에도 속하지 않고, 어떤 파벌로도 분류되지 않는 정치적 자유인으로 활동하지 않았을까 생각해요. 하지만 이쪽 저쪽 다 관계가 원만하고 적이 없는 것 같더군요. 이익을 따지지 않고 계산이 적으니까요. 하지만 천상 YS의 막내 비서였습니다. 개인적인 감상입니다만, 저자는 사실상 YS의 풍모를 보이는 마지막 정치인인 것 같아요. 쪽팔린 걸 절대 싫어하고요. 이익에 집착하기보다는 명분을 중시하고요. 멋지게 정

치해야 한다는 로망을 포기 못하고요. 그것이 저자의 단점이자 장점 아니겠어요?

누가 이 책을 읽을까요?

∞

마담쿠 | 정치에 관심이 있는 사람들, 꼭 정치는 아니더라도 우리나라의 최근 역사에 관심이 있는 독자라면, 저자의 목소리에 감탄할 것 같습니다. 정치적인 성향? 보수이든 진보이든 나라를 걱정하는 마음은 서로 같을 테니까, 그런 마음을 가진 독자라면 이 책을 읽고 감전되지 않을까요? 책을 편집하느라 고생하셨어요.

사를 말하기보다는, 저자의 생각처럼 '국민주의'로 정치와 정치사를 이야기한다면 더 나은 정치를 기대할 수 있을 것 같아요. 이 책을 편집하면서 많은 것을 새로 배웠고 또 우리나라를 바라보는 지경이 넓어졌습니다. 그 지경이 무엇인지에 대해 깊고 다양하게 토론할 수도 있을 겁니다. 하지만 그건 독자의 영역이겠지요. 많은 독자와 함께하고 싶습니다. 마담쿠도 고생하셨습니다. 독자 여러분, 감사합니다.

나라가 걱정스럽다면

∞

코디정 | 나라가 걱정스럽다면 이 한 권의 책, 이렇게 말해보고 싶어요. '국가'의 관점으로 정치와 정치

부록:
사진으로 보는
1979~2020

1979년 10월, 부산에 이어 마산 시내에도 계엄군의 탱크가 들어왔다. 부마항쟁은 유신정권을 무너뜨리는 계기가 되었다. 여기가 대한민국 당대사의 시작이다.

1980년 5월, 광주에서 군인들의 학살이 있었다. 탱크가 침묵을 강요하며 지나간다. 그러나 우리들 마음속에서 광주가 되살아났다.

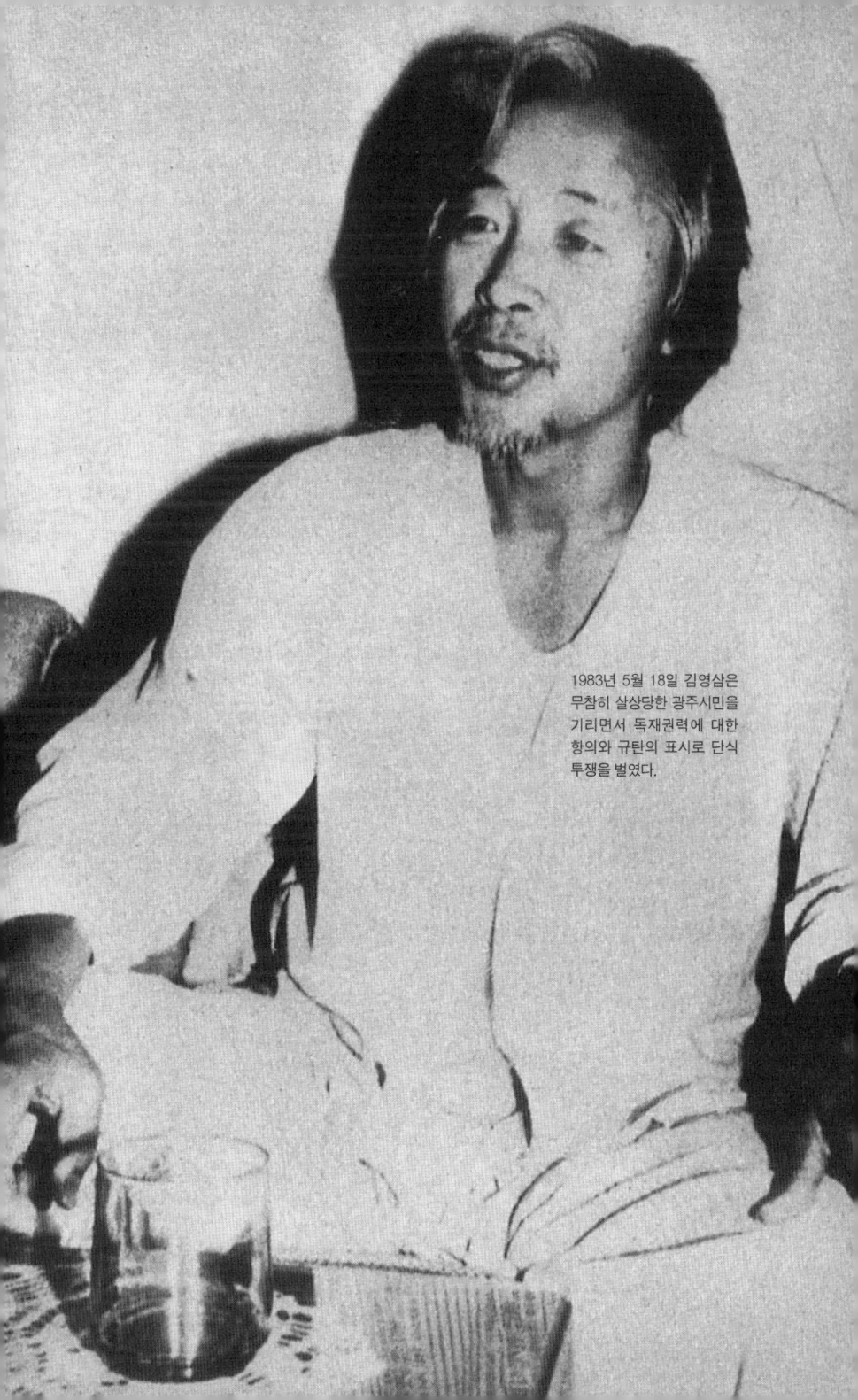

1983년 5월 18일 김영삼은 무참히 살상당한 광주시민을 기리면서 독재권력에 대한 항의와 규탄의 표시로 단식투쟁을 벌였다.

명동성당에서 김수환 추기경의 집전으로 거행된 고 박종철 군 추도미사. 박종철 군 고문치사 사건이 6월항쟁의 도화선이 되었다.

한때 양김은 함께 힘을 모아 통일민주당을 창당했다.

1987년 6월 9일 연세대학교 정문 앞에서 경찰이 쏜 최루탄에 맞아 이한열 군이 쓰러졌다.

명동성당은 민주화의 성지였다. 박종철 군 고문치사 사건에 대한 검경의 축소 은폐 발표도 이곳 사제들이 했다. 80년 광주의 진상을 알리기 위해 노력한 곳도 명동성당이다. 6월 항쟁에 나선 시민, 학생들의 최종 집결지는 항상 이곳이었다.

최루탄에 맞아 쓰러진 이한열 군은 그해 7월 5일 끝내 숨을 거두었다. 서울시청 앞 광장에 도착한 이한열의 장의차량, 수많은 시민들이 애도의 뜻을 표했다.

1987년 10월 고대에서 열린 시국토론회에서. 이날 이후로 양김은 분열한다.
YS는 DJ 유세장이 될 것임을 알고도 이 집회에 참석했다.

1987년 6월 항쟁이 절정기에 이를 무렵, 김영삼 민주당 총재가 명동성당에 방문하여 김수환 추기경을 만났다. 1983년 김수환 추기경은 23일간 단식으로 입원 중인 YS를 찾아 그의 생명을 구한 적이 있다.

사람들은 YS의 막내 비서인 나를 일컬어 YS의 셋째 아들이라고 부르기도 했다. YS는 내 정치적 스승이었다.

1990년 1월, 노태우, YS, JP가 3당 합당을 발표하고 청와대를 나서는 모습.

1990년 3당 합당은 나도 동의하지 않았다.
이때 노무현의 반발을 납득한다. 통일민주당 전당대회에서 노무현이 외쳤다. "이의 있습니다!"

대통령 김영삼. 1993년 8월 12일 금융실명제 실시를 대통령 긴급명령으로 발표했다. 세상이 깜짝 놀랐다.

1996년 12월 16일 항소심 선고공판에서 전두환은 무기징역, 노태우는 징역 17년이 선고됐다.

DJP 연합이 탄생했다.
1996년 DJ의 새정치국민회의와 JP의 자유민주연합의 합동송년회에서 노래를 부르는 DJ와 JP.

직선제 개헌을 이루어내는 것이 내 목표였지 정치인이 될 마음은 없었다.
그러나 나는 결국 국회의원이 되었다.

1997년 외환위기 그 시절, 1달러 매도 환율이 한때 2,000원을 넘어섰다.

나라가 위기에 빠지면 국민들이 나서서 나라를 구한다.
IMF 구제 금융 체제에서 벗어나기 위해 달러를 모으고 금을 모았다.

2000년 6월 13일 최초의 남북정상회담.

김대중과 노무현.
2003년 2월 25일 노무현 대통령 취임식에서.

2003년 11월 11일 열린우리당 창당. 나는 지역주의를 뛰어넘는 백년정당을 만들고 싶었다.

열린우리당 의원들은 국회 본회의장 단상을 점거하면서 노무현 대통령 탄핵소추안의 상정을 막고자 애썼다. 그러나 탄핵소추안은 통과됐다.

열린우리당의 실패는 내게 큰 충격이었다. 누군가는 책임을 져야 한다는 생각에 책임을 지고 정치를 그만둬야겠다고도 생각했다. 그 시절 나는 자전거를 타고 전국을 주유했다. 많은 것을 느끼고 배웠다.

손주들을 태우고 자전거를 타며 봉하마을에서 퇴임 생활을 하던 노무현 대통령. 노무현이 남긴 그 고통이 나를 다시 정치로 이끌었다.

2013년 2월 25일 퇴임하는 대통령과 취임하는 대통령.

2014년 4월 16일 나는 당시 부산시장 예비후보 선거운동을 하고 있었다.
전원 구조되었다는 말에 안심했다. 그러나 사실이 아니었다.

전남 목포신항에 인양된 세월호. 해수부 장관에 임명된 다음날 곧바로 이곳을 찾았다.
그날을 생각할 때마다 고통스럽다.

2016년 12월, 박근혜 탄핵을 요구하는 촛불집회, 촛불을 든
시민들의 모습이 경이로웠다. 날이 추워질수록 더 많이 모였다.

2016년 제야. 부산 서면 중앙로에 박근혜 퇴진을 외치는 촛불이 모였다. 대한민국 전역이 촛불 축제의 밤이었다.

2018년에도 남북정상이 만났다. 백두산에서 문재인 대통령과 함께.

대구동신병원에서 코로나19 환자들을 돌보는 간호사들.

2020년 총선에서 낙선한 후, 나는 조용히 지난 세월을 돌이켜 보았다.
우리네 역사를 다시 생각했다. 고통에 대하여, 그리고 희망에 대하여

WHY: 세 편의 에세이와 일곱 편의 단편소설

2018-09-04 발행
지은이 | 버지니아 울프
번 역 | 정미현
정 가 | 12,000원
ISBN | 979-11-962253-2-2

한 번의 독서로 버지니아 울프의 작품세계와 작가정신을 동시에 체험할 수 있는 책

굿윌: 도덕 형이상학의 기초

2018-09-04 발행
지은이 | 임마누엘 칸트
번 역 | 정미현, 방진이, 정우성
정 가 | 13,000원
ISBN | 979-11-962253-3-9

교보문고 오늘의 책으로 선정된, 평범한 한국인이 읽을 수 있는 유일한 칸트 번역서

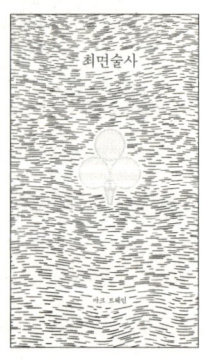

최면술사: 마크 트웨인 단편집

2019-3-25 발행
지은이 | 마크 트웨인
번 역 | 신혜연
정 가 | 13,000원
ISBN | 979-11-962253-6-0

피곤하고 지친 현대인에게 마크 트웨인이 선물하는 보약 같은 유머

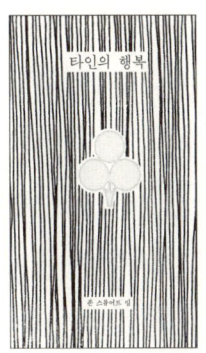

타인의 행복: 공리주의

2018-12-31 발행
지은이 | 존 스튜어트 밀
번　역 | 정미화
정　가 | 13,000원
ISBN | 979-11-962253-4-6

〈공리주의〉를 쉽고 명쾌하게 번역해 낸 고전 중의 고전

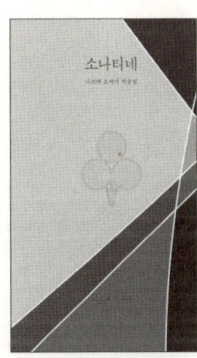

소나티네: 나쓰메 소세키 작품집

2019-04-30 발행
지은이 | 나쓰메 소세키
번　역 | 김석희
정　가 | 15,000원
ISBN | 979-11-962253-7-7

매혹적인 나쓰메 소세키. 그의 폭넓고 깊은 정신세계를 체험해 보세요

휴머니타리안: 솔페리노의 회상

2019-02-20 발행
지은이 | 앙리 뒤낭
번　역 | 이소노미아 편집부
정　가 | 15,000원
ISBN | 979-11-962253-5-3

수많은 생명을 구한 책입니다. 국제적십자 운동을 촉발시킨 인류애 가득한 전쟁르포

무너져 내리다: 피츠제럴드 단편선

2020-05-25 발행
지은이 | 스콧 피츠제럴드
번 역 | 김보영
정 가 | 15,000원
ISBN | 979-11-962253-8-4

이것이 스콧 피츠제럴드입니다. 작품에 담긴
사랑 이야기와 현실 속 작가의 좌절 이야기

스물여섯, 캐나다 영주
: 인생에는 플랜 B가 필요해

2020-09-25 발행
지은이 | 그레이스 리
정 가 | 12,000원
ISBN | 979-11-90844-07-9

인생의 목표를 잃어버린
어느 사회 초년생의 플랜 B 이야기

굿머니: 모금가 김효진의 돈과 사람 이야기

2020-11-02 발행
지은이 | 김효진
정 가 | 15,000원
ISBN | 979-11-90844-09-3

사람들이 모르는 돈의 세계.
부자들만 돈을 모을 것 같지요?
아주 다양한 사람들이 있답니다.

고통에 대하여

1979~2020 살아있는 한국사

1판 1쇄 | 2020년 12월 22일
1판 3쇄 | 2020년 12월 29일
측면 컬러링은 1판 1쇄에만 적용됩니다.

지은이 | 김영춘
편 집 | 마담쿠, 코디정
디자인 | SUN
사 진 | 장현우
제작팀 | 우섬결
도와주신 사람들 | 서정규, 조성남, 황신용, 허화영, 이길수, 박세훈

펴낸이 | 구명진
펴낸곳 | 이소노미아
주 소 | 서울시 종로구 율곡로 2길 7 서머셋팰리스 303호
전 화 | 010 2607 5523 **팩스** | 02 568 2502
전자우편 | h.ku@isonomiabook.com
인스타 | @isonomia6
페이스북 | @isonomiabook

ISBN 979-11-90844-10-9 03910

이 책의 저작권은 저자에게 있습니다.
이소노미아는 계약에 의해 출판권을 지니며 허락없는 불법복제는 금합니다.